전도서(성경, 이해하며 읽기)

Reading in understanding the Bible

전도서(성경, 이해하며 읽기)

발 행 | 2023년 6월 5일
저 자 | 장석환
펴낸이 | 장석환
펴낸곳 | 도서출판 돌계단
출판사등록 | 2022.07.27(제393-2022-000025호)
주 소 | 안산시 상록구 삼태기2길 4-16
전 화 | 031-416-9301
이메일 | dolgaedan@naver.com

ISBN | 979-11-979752-3-3

https://blog.naver.com/dolgaedan

전
도
서

장석환 지음

성경, 이해하며 읽기 시리즈를 시작하며 2.

성경을 통해 하나님을 만난다.
성경을 통해 하나님과 동행하면 풍성한 삶이 된다.

누구를 만난다는 것은 인격적인(지정의) 만남이 되어야 한다.
그의 생각과 마음을 만나고 힘까지 공유하게 된다.
성경에는 하나님의 뜻(지)과 마음(정)과 힘(의)이 담겨 있다.
성경을 잘 읽으면 우리는 하나님을 만나게 된다. 아주 실제적으로.

좋은 사람과 만나 대화를 하면 행복하듯이
말씀으로 하나님을 만나면 행복하다.
하나님을 만나는 다양한 방식이 있다.
성경은 하나님을 만나는 가장 실제적 방법이다.

마음과 의미가 전달되지 않는 대화가 무의미하듯이
성경을 이해하지 않고 읽으면 성경을 읽는 것이 아니다.
성경을 이해하지 못해서
성경을 통해 하나님을 만나는 것을 모른다.

모든 사람이 성경을 이해하며 읽기를 소망하며
매우 쉽지만 누군가에게는 가장 좋은 주석이 되기를 소원하며
큰 글씨로 쉬운 주석 시리즈를 쓰고 있다.

이 주석이 하나님을 생생하게 만나는 만남의 장이 되기를 기도한다.
하나님께 영광되기를 기도한다.

⟨개관 및 목차⟩

서론

1. 저자 및 시대

전통적으로 솔로몬이 저자라고 생각하였다. 그러나 전도서에서 사용한 단어와 문체와 내용을 살펴보면 솔로몬이 아니라는 것이 거의 확실하다. 저자를 솔로몬이 아니라 미상의 '전도자'라 생각하는 것이 성경적이라고 판단된다. 전도서는 보통 주전 3세기 말의 작품으로 여긴다. 그때는 헬라 철학이 주류를 이루던 시기다. 헬라 철학은 지적인 호기심이 왕성하다. 전도자의 시기가 그러했다. 지적인 탐구는 모든 시대의 사람들에게도 중요하다.

2. 전도서 내용

인생의 의미를 생각하여 보았는가? 인생의 의미를 알고 그것을 위해 살고 있어야 값진 인생이 될 것이다. 인생의 의미를 찾고 그것에 따라 사는 사람과 의미 없이 목적 없이 사는 사람은 완전히 다르다. 인생의 의미를 찾은 사람은 무엇을 하여도 복된 삶이고 의미를 찾지 못한 사람은 무엇을 해도 불행하다.

전도서는 인생의 의미를 찾는 한 사람(전도자)의 탐구를 기록하고 있다. 16가지 탐구가 나온다.

전도서에서 가장 많이 나오는 핵심 단어인 '헛되도다(헤벨)'는 기본 의미가 '공기' '숨' '수증기'이다. 한 번의 호흡처럼 매우 짧은 것을 의미할 때 사용한다. 그래서 하찮은, 의미 없는, 무상, 허무, 우상 등의 의미로 번역하기도 한다. 그래서 '헛되도다'라고 번역하였다. 그런데 또 하나의 의미는 '수수께끼'가 될 수 있다. 호흡할 때 들어가고 나가는 공기가 눈에 보이지 않듯 잘 파악이 되지 않는 것을 의미한다. 이 측면으로 이해하면 보통 '헛되고 헛되도다'라고 번역하는 구절은 '아주 어려운 수수께끼다 아주 어려운 수수께끼야. 모든 것이 수수께끼다'라고 번역할 수 있다.

전도서에서는 2가지 의미가 함께 내포되어 있다. 보통은 '헛됨'의 의미로만 생각하는데 '불가해성(수수께끼)'라는 측면도 함께 생각해야 전도서가 가지는 지혜서로서의 가치를 제대로 파악할 수 있다. 사람들이 수수께끼를 풀지 않음으로 인해 허무한 삶이 되고 있다. 수수께끼를 풀면 허무를 넘을 수 있다. 그래서 전도서는 그 수수께끼를 풀고자 한다.

〈성경본문〉

1. 한글본문: 대한성서공회. (1998). 성경전서: 개역개정. 대한성서공회.

   "여기에 사용한 '성경전서 개역개정판'의 저작권은 재단법인 대한성서공회 소유이며, 재단법인 대한성서공회의 허락을 받고 사용하였음."

2. 영어본문: GNB(American Bible Society. (1992). The Holy Bible: The Good news Translation (2nd ed.). American Bible Society.)

전도서 1:1-18

1 다윗의 아들 예루살렘 왕 전도자의 말씀이라

Life Is Useless These are the words of the Philosopher, David's son, who was king in Jerusalem.

2 전도자가 이르되 헛되고 헛되며 헛되고 헛되니 모든 것이 헛되도다

It is useless, useless, said the Philosopher. Life is useless, all useless.

3 해 아래에서 수고하는 모든 수고가 사람에게 무엇이 유익한가

You spend your life working, labouring, and what do you have to show for it?

4 한 세대는 가고 한 세대는 오되 땅은 영원히 있도다

Generations come and generations go, but the world stays just the same.

5 해는 뜨고 해는 지되 그 떴던 곳으로 빨리 돌아가고

The sun still rises, and it still goes down, going wearily back to where it must start all over again.

6 바람은 남으로 불다가 북으로 돌아가며 이리 돌며 저리 돌아 바람은 그 불던 곳으로 돌아가고

The wind blows south, the wind blows north—round and round and back again.

7 모든 강물은 다 바다로 흐르되 바다를 채우지 못하며 강물은 어느 곳으로 흐르든지 그리로 연하여 흐르느니라

Every river flows into the sea, but the sea is not yet full. The water returns to where the rivers began, and starts all over again.

8 모든 만물이 피곤하다는 것을 사람이 말로 다 말할 수는 없나니 눈은 보아도 족함이 없고 귀는 들어도 가득 차지 아니하도다

Everything leads to weariness—a weariness too great for words. Our eyes can never see enough to be satisfied; our ears can never hear enough.

9 이미 있던 것이 후에 다시 있겠고 이미 한 일을 후에 다시 할지라 해 아래에는 새 것이 없나니

What has happened before will happen again. What has been done before will be done again. There is nothing new in the whole world.

10 무엇을 가리켜 이르기를 보라 이것이 새 것이라 할 것이 있으랴 우리가 있기 오래 전 세대들에도 이미 있었느니라

"Look," they say, "here is something new!" But no, it has all happened before, long before we were born.

1장

1:1 다윗의 아들 예루살렘 왕. 이 구절과 전도서의 초반부를 보면 '솔로몬'이 저자라고 얼핏 생각할 수 있다. 문법적으로는 다윗 후손(아들)의 어떤 왕이라도 이 구절에 해당한다. 그러나 사용한 단어와 문체와 내용을 살펴보면 솔로몬이 아니라는 것이 조금 더 맞다. 저자를 솔로몬이 아니라 미상의 '전도자'라 생각하는 것이 성경적이라고 판단된다. '전도자'(코헬렛)는 두 가지 의미를 가질 수 있다. 1.잠언을 모은 사람. 2.회중을 모아 가르치는 사람. 전도서의 전도자는 어느 정도 2가지 의미를 다 내포하고 있지만 1의 의미가 더 강하다.

1:2 2절은 전도서의 주제를 말한다. 전도서는 이 구절로 시작하고 12장 8절에서 거의 동일하게 이 구절을 반복하면서 마친다. **헛되고 헛되며.** 히브리어 최상급에 대한 표현으로 '완전히 헛되다'라고 번역할 수 있다. 최상급을 두 번 사용하고 '모든 것이 헛되도다'라는 말을 또 반복하여 아주 강조하고 있다. '헛되도다(헤벨)'는 기본 의미가 '공기' '숨' '수증기'이다. 한 번의 호흡처럼 매우 짧은 것을 의미할 때 사용한다. 그래서 하찮은, 의미 없는, 무상, 허무, 우상 등의 의미로 번역하기도 한다. 그래서 '헛되도다'라고 번역하였다. 그런데 또 하나의 의미는 '수수께끼'가 될 수 있다. 호흡할 때 들어가고 나가는 공기가 눈에 보이지 않듯 잘 파악이 되지 않는 것을 의미한다. 이 측면으로 이해하면 '아주 어려운 수수께끼다 아주 어려운 수수께끼야. 모든 것이 수수께끼다'라고 번역할 수 있다.

전도서에서는 2가지 의미가 함께 내포되어 있다. 보통은 '헛됨'의 의미로만 생각하는데 '불가해성(수수께끼)'라는 측면도 함께 생각해야 전도서가 가지는 지혜서로서의 가치를 제대로 파악할 수 있다. 사람들이 수수께끼를 풀지 않음으로 인해 허무한 삶을 살고 있다. 수수께끼를 풀면 허무를 넘을 수 있다. 그래서 전도서는 그 수수께끼를 풀고자 한다.

11 이전 세대들이 기억됨이 없으니 장래 세대도 그 후 세대들과 함께 기억됨이 없으리라

No one remembers what has happened in the past, and no one in days to come will remember what happens between now and then.

12 나 전도자는 예루살렘에서 이스라엘 왕이 되어

The Philosopher's Experience I, the Philosopher, have been king over Israel in Jerusalem.

13 마음을 다하며 지혜를 써서 하늘 아래에서 행하는 모든 일을 연구하며 살핀 즉 이는 괴로운 것이니 하나님이 인생들에게 주사 수고하게 하신 것이라

I determined that I would examine and study all the things that are done in this world. God has laid a miserable fate upon us.

14 내가 해 아래에서 행하는 모든 일을 보았노라 보라 모두 다 헛되어 바람을 잡으려는 것이로다

I have seen everything done in this world, and I tell you, it is all useless. It is like chasing the wind.

15 구부러진 것도 곧게 할 수 없고 모자란 것도 셀 수 없도다

You can't straighten out what is crooked; you can't count things that aren't there.

16 내가 내 마음 속으로 말하여 이르기를 보라 내가 크게 되고 지혜를 더 많이 얻었으므로 나보다 먼저 예루살렘에 있던 모든 사람들보다 낫다 하였나니 내 마음이 지혜와 지식을 많이 만나 보았음이로다

I told myself, "I have become a great man, far wiser than anyone who ruled Jerusalem before me. I know what wisdom and knowledge really are."

17 내가 다시 지혜를 알고자 하며 미친 것들과 미련한 것들을 알고자 하여 마음을 썼으나 이것도 바람을 잡으려는 것인 줄을 깨달았도다

I was determined to learn the difference between knowledge and foolishness, wisdom and madness. But I found out that I might as well be chasing the wind.

지혜가 많으면 번뇌도 많으니 지식을 더하는 자는 근심을 더하느니라

18 The wiser you are, the more worries you have; the more you know, the more it hurts.

1:3 전도서는 본문의 12%가 질문으로 되어 있다. 독자는 전도서의 저자가 질문하면 함께 질문해야 한다. 질문하는 인생이 되어야 한다. 인생을 잘 살고 싶으면 질문해야 한다. 심각하고 진지하게 질문해야 한다. 질문하는 아이나 청년들을 꾸짖지 말고 권장하라. 나이 든 사람은 이제라도 질문하면서 살라. 질문해야 답을 찾을 수 있기 때문이다. **해 아래에서.** 이 구문은 오직 전도서에서만 사용한다. '이 세상에서' '이 땅의 삶에서' '하늘 아래에서' 등으로 번역할 수 있다. 한 사람이 '태어나서 죽을 때까지' '이 땅에서의 모든 삶'을 의미한다. 인생은 많은 수고로 채워진다. 그런데 '모든 수고가 사람에게 무엇이 유익한가'라고 묻는다. 수고만 할 것이 아니라 질문해야 한다. 왜 그렇게 힘들게 열심히 살아야 하는지 질문을 먼저 해야 한다. 왜 그렇게 공부해야 하는지 돈을 벌어야 하는지 질문이 먼저 있어야 한다.

〈4절-11절은 하나의 '시'다. 주제에 대해, 주제 질문에 대해 본격적으로 대답을 하기 전 한 편의 시로 주제 질문을 강화하고 있다.〉

1:4 한 세대는 가고...오되...땅은 영원히 있도다. 4절과 11절에서는 '사람은 지나가고 땅만 남아 있는 것'에 대해 말한다. 사람들이 보고 있는 산은 이전에도 있었고 그 전에도 있었는데 그곳에 살았던 사람들은 누구인지 모른다. 사람은 '기억'되지 않는다. 땅은 남아 있고 그 땅에서 수고한 사람은 기억되지 않으니 사람과 사람의 수고가 무슨 의미가 있는지 묻고 있다. 땅보다 못한 것일까?

1:7 모든 강물은 다 바다로 흐르되 바다를 채우지 못하며. 강물은 매일 흘러가는데 바다를 채우지 못한다. 무엇인가를 끊임없이 하고 있는데 결과는 없어 피곤하기만 하다. 지루하다.

1:8 모든 만물이 피곤하다. 시의 중심은 8절이다. '피곤하다'는 것은 '지루한' '정신

적 피곤' 등의 의미로 번역할 수 있다. 세상을 보면 어떤 일이 열심히 진행되는 것 같다. 그런데 결국은 그 자리다. 새로운 것 같은데 결국은 새롭지 않다. **눈은 보아도 족함이 없고.** 늘 새로운 패션이 나온다. 늘 새로운 옷을 산다. 옷장을 채운다. 그러나 마음은 채워지지 않는다. 심지어는 악한 일을 하기까지 한다. 강한 자극을 찾아 성적 이탈과 마약을 하기까지 하는데도 족함이 있지 않다. 오히려 더 허무하다.

1:9 해 아래에는 새 것이 없나니. 다람쥐 쳇바퀴 돌듯 모든 것이 반복되는 것 같다. 그렇다면 그곳에서 무슨 의미를 찾을 수 있을까? 의미가 없는 것일까, 모르는 것일까? 의미가 없다면 인생은 진정 가치가 없고 피곤하기만 한 인생일 것이다. 의미가 있다면 빨리 의미를 찾아야 한다. 진정한 의미와 가치를 찾지 못하면 인생은 수고하고 피곤하기만 할 것이다.

인생은 열심히 사는 것만으로는 결코 안 된다. 많이 수고하였다고 인생이 가치 있는 것이 아니다. 전도자는 수고만 하는 사람들에게 그것이 얼마나 허무한지를 말하고자 한다. 그러한 수고는 인생을 피곤하게만 할 뿐이다. 진정 인생이 가치 있기 위해서는 수수께끼를 풀어야 한다. 인생의 의미를 깨달아야 한다.

1:12 이스라엘 왕이 되어. 그는 많은 것을 가진 사람이었다. 그러나 그것에 만족하지 않고 삶의 의미를 찾는 일에 힘을 다하였다. 인생의 가치는 '가치 있는 일을 얼마나 하였느냐'에 의해 판가름 날 것이다. 그가 왕으로 살았든 아니면 거지로 살았든 그것은 중요하지 않다. 인생의 진정한 가치가 무엇인지를 알고 그것에 따라 사는 것이 중요하다. 그래서 전도자는 왕이라는 위치에 만족하지 않았다.

1:13 마음을 다하며. '마음'은 그의 중심을 의미한다. '밑져야 본전'이라는 태도나 지적 교양 수준으로 하는 것이 아니라 그의 마음을 다하여 찾았다는 것을 의미한다. **지혜를 써서.** '지혜'(호크마)라는 도구로 삶의 의미를 찾았다는 뜻이다. 욥은 고난이

라는 '경험'을 통해 지혜를 찾기 시작했다. 그런데 전도서의 전도자는 '지적인 탐구'가 삶의 의미와 지혜를 찾는 방법이었다. 전도서는 보통 주전 3세기 말의 작품으로 여긴다. 그때는 헬라 철학이 주류를 이루던 시기다. 헬라 철학은 지적인 호기심이 왕성하다. 전도자의 시기가 그러했다. 또한 지적인 탐구는 모든 시대의 사람들에게도 중요하다. 지식은 사람의 인격 3요소(지정의) 중의 하나이다. 삶의 의미를 알지 못하고 마음(열정)을 다하여 사는 것은 선과 악을 구분 못하고 사랑하는 것과 같다. 의미를 알지 못하고 달려가는 것은 방향을 정하지 않고 빨리 달려가는 것과 같다. 삶의 의미를 아는 것은 무엇보다 중요하다. **하늘 아래에서 행하는 모든 일.** '하늘 아래에서'는 전도서에서 자주 나오는 '해 아래에서'와 같은 의미다. 인생 가운데 행하는 일들을 말한다. **연구하였다.** 지적 호기심과 관심으로 깊이 공부하고 살폈다는 것을 의미한다. 다른 시대의 사회와 사람들의 생각까지 알기 위해서는 공부해야 한다. 연구해야 한다. 그렇게 연구하여 전도자는 과거의 많은 시대와 사람들의 생각까지 생각하면서 살펴보았다. **이는 괴로운 것이니 하나님이 인생들에게 주사 수고하게 하신 것이라.** '인생의 의미를 찾는 일'이 결코 쉽지 않은 일이라 말한다. 인생의 의미를 찾는 것이 어렵다. 그런데 수고 없이 인생의 의미를 찾으면 아마 그 길을 제대로 가지 않을 것이다. 어렵게 알아야 그 가치를 제대로 알게 된다. 그래서 인생의 의미를 찾고자 한다면 많은 연구가 있어야 한다. 더 고민해야 한다. 아파하며 고민해야 한다. 나는 대학생 시절 신학을 하면서 삼위일체론과 성령론 및 예정론 때문에 밥을 못 먹고 괴로워했던 때가 있었다. 그러한 괴로움은 이후에 나의 신학의 자양분이 되었다. 힘들어도 그렇게 찾아야 한다. 힘든 과정을 이기며 찾아야 한다.

1:14 모두 다 헛되어 바람을 잡으려는 것이로다. '헛되다'라는 말에는 수수께끼의 의미도 담겨 있다고 하였다. 한 번의 '숨'은 매우 짧아 허무라 할 수 있지만 또한 보이지 않는 특성을 가지고 있다. 어렵다. '바람을 잡으려는 것'이라 말할 때는 2가지 의미로 해석할 수 있다. 이 단어가 동물을 몰 때의 의미로 해석하기도 한다. 동물을 몰

아가는 것처럼 바람을 몰아갈 수 있을까? 동물은 훈련된 개와 익숙한 음성으로 때로는 쉽게 이끌어 간다. 그러나 바람을 어느 방향으로 몰아간다고 생각해 보라. 아마 불가능할 것이다. 그것과 같다는 것이다. 매우 어려운 일이라는 뜻이다. 두번째는 바람을 잡는다 할 때 바람 자체를 목적어로 해석할 수 있다. 바람을 잡는 것이 불가능한 것처럼 의미를 찾는 것 자체가 불가능하다는 의미다. 그런데 전도서는 불가능을 말하지 않고 '어려움'을 말한다. 거의 불가능이지만 완전히 불가능은 아니다. 전도자는 자신의 인생의 의미 찾기가 매우 어려웠다고 말한다. 그리고 그 작업이 얼마나 어려운 일인지를 독자들에게 미리 경고한다. 경고의 이유는 대학을 열심히 공부하려는 마음이 없이 쉽게 생각하고 들어가면 안 되기 때문과 같다.

1:15 구부러진 것도 곧게 할 수 없고. 인간 지식의 한계를 말한다. 삶을 보면 인간 지식으로 해결되지 않는 수많은 문제가 있다. 그렇게 사소한 것조차도 바로잡지 못하면서 '삶의 의미'라는 가장 중요한 것을 쉽게 알 수 있다고 생각하지 말아야 한다. **모자란 것도 셀 수 없도다.** 무엇인가를 더 알아야 하는 상태(모자란 것)에 있는 것이 많다. 이해는 멀고 먼 길이다. 철학을 생각해 보라. 수많은 철학자와 책을 보라. 읽어도 다 이해가 안 되고 다 읽어도 또 다른 철학자가 있어 여전히 묘연한 상태다.

1:16 나보다 먼저 예루살렘에 있던 모든 사람들보다 낫다 하였나니. 전도자는 나름대로 매우 똑똑한 사람이었다. 그는 최소한 지혜의 면에 있어 자신 있었다. 최근의 헬라 철학도 섭렵한 것 같다. 그런데도 모자란 것이 셀 수 없이 많았다.

1:17 미친 것들과 미련한 것들을 알고자 하여...바람을 잡으려는 것인 줄을 깨달았도다. 연구하는데 때로는 지혜와 미친 것이 일맥 상통한다. 아주 기본적인 것조차 때로는 혼란스럽다. 그것조차 어렵다.

1:18 지혜가 많으면 번뇌도 많으니. 지식을 더 찾으면 찾을수록 해결책이 생기고 행복해질 줄 알았는데 오히려 불확실성이 늘어가고 고통(근심)이 더 생겼다.

전도자는 삶의 의미를 찾는 일이 너무 어려웠다. 오히려 더 꼬여가는 것 같았다. 처음에는 조금 길이 보였을 것이다. 새로운 철학을 배우고 생각하면 그곳에 길이 있는 것 같기도 하다. 그러나 더 들어가면 길이 없었다. 전도자의 고민에 살짝 힌트를 주면 이렇다. 그가 길을 찾을 때마다 '나는'이라고 말한다. 잠언에서 지혜는 '하나님을 경외하는 것'이다. 그것은 지혜를 찾는 일에 있어 위로부터 오는 지혜를 받아들이는 것을 의미한다. 전도서는 아래에서 찾아가는 지혜다. 그래서 하나님을 경외하는 것으로 하나님께서 정해주신 답이 아니라 아래에서 '고민하는 나'와 '탐구하는 나'에서 시작한다. 그래서 그의 지혜 찾기는 많은 고통을 수반한다. 이것이 무의미하다는 말은 결코 아니다. 이러한 방법론도 매우 필요하다. 그렇게 '나'에서 시작하는 고민도 필요하다. 그렇게 고민하는 이들을 격려해야 한다. 그런데 그렇게 찾아가는 길은 결코 쉽지 않다. 그것을 전도서에서 볼 수 있다.

1 나는 내 마음에 이르기를 자, 내가 시험삼아 너를 즐겁게 하리니 너는 낙을 누리라 하였으나 보라 이것도 헛되도다

I decided to enjoy myself and find out what happiness is. But I found that this is useless, too.

2 내가 웃음에 관하여 말하여 이르기를 그것은 미친 것이라 하였고 희락에 대하여 이르기를 이것이 무슨 소용이 있는가 하였노라

I discovered that laughter is foolish, that pleasure does you no good.

3 내가 내 마음으로 깊이 생각하기를 내가 어떻게 하여야 내 마음을 지혜로 다스리면서 술로 내 육신을 즐겁게 할까 또 내가 어떻게 하여야 천하의 인생들이 그들의 인생을 살아가는 동안 어떤 것이 선한 일인지를 알아볼 때까지 내 어리석음을 꼭 붙잡아 둘까 하여

Driven on by my desire for wisdom, I decided to cheer myself up with wine and have a good time. I thought that this might be the best way people can spend their short lives on earth.

4 나의 사업을 크게 하였노라 내가 나를 위하여 집들을 짓고 포도원을 일구며

I accomplished great things. I built myself houses and planted vineyards.

5 여러 동산과 과원을 만들고 그 가운데에 각종 과목을 심었으며

I planted gardens and orchards, with all kinds of fruit trees in them;

6 나를 위하여 수목을 기르는 삼림에 물을 주기 위하여 못들을 팠으며

I dug ponds to irrigate them.

7 남녀 노비들을 사기도 하였고 나를 위하여 집에서 종들을 낳기도 하였으며 나보다 먼저 예루살렘에 있던 모든 자들보다도 내가 소와 양 떼의 소유를 더 많이 가졌으며

I bought many slaves, and there were slaves born in my household. I owned more livestock than anyone else who had ever lived in Jerusalem.

2장

⟨전도서는 인생의 의미를 찾는 한 사람(전도자)의 탐구를 기록하고 있다. 20가지 탐구가 나온다. 그 중에 첫 번째로 2:1-11은 일반적으로 사람들이 가장 좋아하는 '행복에 대한 탐구' 이야기다.⟩

2:1 시험삼아 너를 즐겁게 하리니. '즐거움'은 행복함, 재미 등의 의미다. **너는 낙을 누리라.** '그것이 좋은 것인지 알기 위해'라고 번역하는 것이 더 나을 것 같다. '좋은 것'은 하나님께서 천지를 창조하시고 '보기에 좋았더라'고 말씀하실 때와 같은 단어다. 인생에서 행복하게 사는 것이 하나님께서 천지를 창조하시고 말씀하신 것처럼 '좋은 것'인지 알고자 하였다. 행복하게 사는 것이 인생의 살아갈 의미가 되고 창조 때처럼 진정 좋은 것이 될 수 있을까?

인생에서 가장 중요한 것이 무엇인지 사람들에게 묻는다면 어떤 대답이 나올까? 내가 만난 대다수의 사람들은 '나의 행복, 가족의 행복'을 말하였다. 설문 조사에서도 늘 행복이 첫번째 위치를 차지한다. 행복은 어느 시대이든 인생의 최고의 목적이었던 것 같다. 그러니 전도자도 인생의 의미를 찾으면서 행복을 제일 먼저 생각해 보는 것이 당연하다.

철학에서도 행복은 늘 중심 주제였다. 쾌락주의로 유명한 에피쿠로스 학파를 오해하는 경우가 많다. 에피쿠로스 학파는 육체적 쾌락보다는 정신적 쾌락 즉 기쁨을 더 선호하였다. 에피쿠로스 학파는 이렇게 말한다. "(선한 삶은) 욕구를 훈육하고, 건강한 삶에 절대 최소한으로 필요한 것에까지 욕구와 필요를 줄이는 것, 가장 높게 여겨지는 대부분 목적과 가치에서 벗어나는 것, 그리고 아주 적은 몇몇 친구와 어울리는 것 외에 공동체의 삶에 능동적으로 참여하는 데서 물러나는 것을 포함한다. 이는 한마디로 단순한 삶과 높은 사고이다." 작은 것에 기뻐하는 훈련을 통해 행복을 추구하는 사람들이었다. 공리주의라는

8 은 금과 왕들이 소유한 보배와 여러 지방의 보배를 나를 위하여 쌓고 또 노래 하는 남녀들과 인생들이 기뻐하는 처첩들을 많이 두었노라

I also piled up silver and gold from the royal treasuries of the lands I ruled. Men and women sang to entertain me, and I had all the women a man could want.

9 내가 이같이 창성하여 나보다 먼저 예루살렘에 있던 모든 자들보다 더 창성하 니 내 지혜도 내게 여전하도다

Yes, I was great, greater than anyone else who had ever lived in Jerusalem, and my wisdom never failed me.

10 무엇이든지 내 눈이 원하는 것을 내가 금하지 아니하며 무엇이든지 내 마음 이 즐거워하는 것을 내가 막지 아니하였으니 이는 나의 모든 수고를 내 마음이 기뻐하였음이라 이것이 나의 모든 수고로 말미암아 얻은 몫이로다

Anything I wanted, I got. I did not deny myself any pleasure. I was proud of everything I had worked for, and all this was my reward.

11 그 후에 내가 생각해 본즉 내 손으로 한 모든 일과 내가 수고한 모든 것이 다 헛되어 바람을 잡는 것이며 해 아래에서 무익한 것이로다

Then I thought about all that I had done and how hard I had worked doing it, and I realized that it didn't mean a thing. It was like chasing the wind— of no use at all.

철학도 그러하다. 공리주의는 효용과 행복에 가치의 기준을 둔다. 그래서 '최대 다수의 최대 행복'이라는 슬로건이 나오기도 하였다. 행복은 그렇게 많은 철학적 지지를 받는다. 그러니 전도자가 '행복'이 삶의 의미인지 탐구해 보는 것은 매우 타당하다. 그렇다면 행복은 삶의 의미가 될 수 있을까?

2:4 나의 사업을 크게 하였노라. 큰 프로젝트를 가동하였다. 사람들은 큰 일을 하면 행복한 경향이 있다. **집들을 짓고 포도원을 일구며.** 전도자의 프로젝트는 일명 '에덴동산 만들기' 프로젝트였다. 에덴동산에 있던 것을 하나하나 만들었다. 부족한 것이 없는 에덴동산처럼 이 땅에 부족함이 없는 곳을 만들었다. 첫 에덴동산에 있었으나 전도자에게 없는 것이 하나 있다면 오직 하나님뿐이다. 그렇게 하나님 없는 에덴동산을 만들었다. 그래서 행복했다.

2:8 은 금과 왕들이 소유한 보배...노래하는 남녀...처첩들을 많이 두었노라. 보배들을 창고에 쌓아 두었다. '노래하는 남녀'들을 두어 듣고 싶은 많은 음악을 들었다. 처첩들을 많이 두어 성적인 만족도 합법적인 방식으로 채웠다. 그때마다 행복했다. 그의 행복 찾기 프로젝트는 성공하였다. 그런데 다행히 행복이라는 것이 인생에서 무익하다는 것을 빨리 알았다. 그래서 그의 행복 찾기 프로젝트는 멈추게 된다.

오늘날 대부분의 사람들은 행복 찾기 프로젝트를 진행하고 있다. 행복을 최대의 목적으로 삼아 행복을 위해 모든 것을 희생하면서 열심히 살고 있다. 그러나 행복이라는 것이 그렇게 가치 있는 것일까? 행복은 그 순간 만족하고 기쁜 상태다. 그런데 누가 만족하고 누가 기쁜 것일까? 그 사람이다. 만족하고 있는 자신과 기뻐하고 있는 자신이 힘이 빠지고 죽음에 이르게 될 때 그의 행복했던 것도 함께 힘이 떨어진다. 행복은 그때의 상태일 뿐 시간과 함께 사라진다. 행복은 인생의 목적이 될 수 없다.

대부분의 사람들은 여전히 행복하기 프로젝트를 진행중이다. 그들은 여전히 아직 행복을 얻었다고 생각하지 않기 때문이다. 행복하면 좋겠다는 생각을 가지고 행복을 위해 수고하면서 산다. 조금만 더 가면 된다고 생각하면서 간다. 사실 행복 찾기 프로젝트에서 성공한 사람은 문제가 더 될 수도 있다. 사람들에게 불행은 어쩌면 실패가 아니라 성공일 수 있다. 의미 없는 일에 성공하여 그것에 전념하고 취해 있는 사람들이 많다. 실패하였으면 다른 것을 찾으면서 의미 있는 일을 발견할 수 있으나 성공하였기 때문에 그것에 안주하고 머무른다. 다른 일을 해야 하는데 지금의 성공에 안주하여 결국 다른 일을 하지 못한다. 그렇다면 지금 행복하지 못한 것이 행복한 것보다 더 나을 수 있다. 주변에서 그런 사람을 많이 본다. 행복하지 못하여 안타깝지만 차라리 낫다. 행복하여 부러운 것 같지만 실상은 매우 안타까운 사람들이 많다. 행복을 위해 달려가고 바늘구멍을 뚫고 성공하여 행복을 쟁취할지라도 그것이 인생의 의미가 되지는 않는다. 인생의 의미는 살아가는 나에게 달린 것이 아니라 나를 창조하신 하나님께 달려 있기 때문이다. 모든 것의 의미가 그렇다. 볼펜의 의미는 볼펜이 아니라 그것을 만든 사람이 안다. 그러기에 인생의 진정한 의미를 찾는다면 창조주에게 가야 한다. 자신의 행복에 머물러 있으면 안 된다. 인생의 의미는 인생을 만드시고 주신 하나님의 명령들을 보아야 알 수 있다. 나의 만족이 아니라 하나님의 만족이 인생의 의미가 된다. 하나님의 만족 안에서 우리도 행복할 때 인생의 의미가 된다. 하나님 밖에 있는 행복은 결코 인생의 목적이 될 수 없다. 인생의 의미가 될 수 없다.

2:10 무엇이든지 내 눈이 원하는 것을 내가 금하지 아니하며. 전도자는 행복을 위해서는 무엇이든지 하였다. 다양한 방법으로 다양한 일을 하였다. **내 마음이 기뻐하였음이라 나의 모든 수고로 말미암아 얻은 몫이로다.** 행복하기가 매우 어렵다. 그러나 전도자는 다행히 행복을 잡았다. 그의 수고는 매우 성공적이어서 기뻐할 수 있었다. 행복하였다. 행복은 그가 많은 수고를 하여 얻은 당연한 보상이다. 그런데 행복하기는 하였지만 그것이 인생의 의미는 아니었다. 인생은 여전히 수수께끼로 남아 있었

다. 행복하였으나 유익한 것이 없었다.

2:11 그 후에 내가 생각해 본즉. '생각해 본즉'은 직역하면 '돌아보다'이다. 자신이 행복을 위해 많은 일을 하고 실제로 행복하였다. 그런데 그러한 모든 것 이후에 그것을 돌아보았더니 '헛되고' '바람을 잡는 것이며' '무익한 것이다'라고 말한다. 인생의 의미와 행복은 다른 것이었다. 행복하다고 가치 있는 일은 아니었다.

전도서 2:12-26

12 내가 돌이켜 지혜와 망령됨과 어리석음을 보았나니 왕 뒤에 오는 자는 무슨 일을 행할까 이미 행한 지 오래 전의 일일 뿐이리라

After all, a king can only do what previous kings have done. So I started thinking about what it meant to be wise or reckless or foolish.

13 내가 보니 지혜가 우매보다 뛰어남이 빛이 어둠보다 뛰어남 같도다

Oh, I know, "Wisdom is better than foolishness, just as light is better than darkness.

14 지혜자는 그의 눈이 그의 머리 속에 있고 우매자는 어둠 속에 다니지만 그들 모두가 당하는 일이 모두 같으리라는 것을 나도 깨달아 알았도다

The wise can see where they are going, and fools cannot." But I also know that the same fate is waiting for us all.

15 내가 내 마음속으로 이르기를 우매자가 당한 것을 나도 당하리니 내게 지혜가 있었다 한들 내게 무슨 유익이 있으리요 하였도다 이에 내가 내 마음속으로 이르기를 이것도 헛되도다 하였도다

I thought to myself, "I will suffer the same fate as fools. So what have I gained from being so wise?" "Nothing," I answered, "not a thing."

16 지혜자도 우매자와 함께 영원하도록 기억함을 얻지 못하나니 후일에는 모두 다 잊어버린 지 오랠 것임이라 오호라 지혜자의 죽음이 우매자의 죽음과 일반이로다

No one remembers the wise, and no one remembers fools. In days to come, we will all be forgotten. We must all die—wise and foolish alike.

17 이러므로 내가 사는 것을 미워하였노니 이는 해 아래에서 하는 일이 내게 괴로움이요 모두 다 헛되어 바람을 잡으려는 것이기 때문이로다

So life came to mean nothing to me, because everything in it had brought me nothing but trouble. It had all been useless; I had been chasing the wind.

18 내가 해 아래에서 내가 한 모든 수고를 미워하였노니 이는 내 뒤를 이을 이에게 남겨 주게 됨이라

Nothing that I had worked for and earned meant a thing to me, because I knew that I would have to leave it to my successor,

19 그 사람이 지혜자일지, 우매자일지야 누가 알랴마는 내가 해 아래에서 내 지혜를 다하여 수고한 모든 결과를 그가 다 관리하리니 이것도 헛되도다

and he might be wise, or he might be foolish—who knows? Yet he will own everything I have worked for, everything my wisdom has earned for me in this world. It is all useless.

〈전도서 2:12-26은 전도자가 '지혜 탐구'를 통해 인생의 의미를 탐구하는 이야기다.〉

2:12 지혜와 망령됨과 어리석음. 사람들에게 지혜만큼 중요한 것이 있을까? 전도자는 삶의 의미를 찾아 지혜에 대해 생각해 보았다. 지혜가 무엇인지를 살펴보기 위해 어리석음을 함께 대조하면서 탐구한다.

2:13 빛이 어둠보다 뛰어남 같도다. 지혜가 얼마나 좋은 것인지 말한다. 빛과 어둠은 매우 다르다. 지혜가 우매보다 나음이 빛이 어둠보다 나음과 같다. 지혜는 인생을 살아가는데 그만큼 매우 중요하다.

2:14 지혜자는 그의 눈이 머리 속에 있고. 지혜를 눈으로 비유한다. 사람들이 다 눈이 있으나 머릿속에도 눈이 있어야 함을 말한다. 많은 부분 머릿속의 눈으로 본다. 그것을 지혜라 말한다. 머리 속에 눈이 있어야 당장 눈에 보이지 않아도 무엇을 해야 하는지를 분별할 수 있다. **우매자는 어둠 속에 다니지만.** 우매자는 머리 속에 눈이 없어서 당장 눈에 보이는 것만 보면서 산다. 앞으로 살아가야 할 길과 눈에 보이지 않는 다른 많은 면에 있어서의 진리에 대해서는 눈이 없어 전혀 보지 못한다. 지혜와 우매는 그렇게 다르다. 육신의 눈이 있는 사람과 없는 사람이 매우 다른데 머리속에 눈이 있는가 없는가는 더욱더 큰 차이를 만든다. 더 중요하다. 그런데 놀라운 일이 있다. 지혜와 우매가 그렇게 다름에도 불구하고 '그들 모두가 당하는 일이 모두 같으리라'고 말한다. 그것은 무엇을 말하는 것일까?

2:16 지혜자의 죽음이 우매자의 죽음과 일반이로다. 죽음 앞에 서면 지혜와 우매가 같아진다. 이전에는 그렇게 큰 차이가 나 보였다. 그런데 죽음 앞에 서니 지혜자와 우매자가 완전히 같았다.

20 이러므로 내가 해 아래에서 한 모든 수고에 대하여 내가 내 마음에 실망하였도다

So I came to regret that I had worked so hard.

21 어떤 사람은 그 지혜와 지식과 재주를 다하여 수고하였어도 그가 얻은 것을 수고하지 아니한 자에게 그의 몫으로 넘겨 주리니 이것도 헛된 것이며 큰 악이로다

You work for something with all your wisdom, knowledge, and skill, and then you have to leave it all to someone who hasn't had to work for it. It is useless, and it isn't right!

22 사람이 해 아래에서 행하는 모든 수고와 마음에 애쓰는 것이 무슨 소득이 있으랴

You work and worry your way through life, and what do you have to show for it?

23 일평생에 근심하며 수고하는 것이 슬픔뿐이라 그의 마음이 밤에도 쉬지 못하나니 이것도 헛되도다

As long as you live, everything you do brings nothing but worry and heartache. Even at night your mind can't rest. It is all useless.

24 사람이 먹고 마시며 수고하는 것보다 그의 마음을 더 기쁘게 하는 것은 없나니 내가 이것도 본즉 하나님의 손에서 나오는 것이로다

The best thing anyone can do is to eat and drink and enjoy what he has earned. And yet, I realized that even this comes from God.

25 아, 먹고 즐기는 일을 누가 나보다 더 해 보았으랴

How else could you have anything to eat or enjoy yourself at all?

26 하나님은 그가 기뻐하시는 자에게는 지혜와 지식과 희락을 주시나 죄인에게는 노고를 주시고 그가 모아 쌓게 하사 하나님을 기뻐하는 자에게 그가 주게 하시지만 이것도 헛되어 바람을 잡는 것이로다

God gives wisdom, knowledge, and happiness to those who please him, but he makes sinners work, earning and saving, so that what they get can be given to those who please him. It is all useless. It is like chasing the wind.

2:17 사는 것을 미워하였노니. 전도자는 지혜를 가진 사람이다. 그런데 지혜가 죽음 앞에서 무력해지는 것을 보고 매우 실망하였다. 살아갈 때 인간 답게 살기 위해 지혜를 배웠다. 많은 수고를 하여 지혜를 익혔다. 그런데 그것이 죽음 앞에 무력해지는 것을 보면서 그렇게 수고한 모든 삶이 무의미해 보였다. 무의미를 넘어 '미워'졌다.

2:18 이는 내 뒤를 이을 이에게 남겨 주게 됨이라. 삶에 대해 미움을 생각하니 더욱더 생각에 생각이 더해졌다. 그가 지혜를 가지고 세상에서 많은 것을 남기게 되었다. 그런데 그것이 의미가 없었다.

2:19 그 사람이 지혜자일지 우매자일지야 누가 알랴마는...내가...수고한 모든 결과를 그가 다 관리하리니. 그의 후손이 우매한 사람이라면 지혜자가 모은 것이 결국 우매한 일에 사용될 것이다. 결국 우매한 일을 위해 저축한 것이 되고 만다. 그가 죽으면 그의 모든 것이 그의 관리에서 벗어나기 때문이다.

2:21 그가 얻은 것을 수고하지 아니한 자에게 그의 몫으로 넘겨 주리니. 그가 지혜를 가지고 많은 것을 남겼어도 그렇게 수고한 것이 결국은 수고하지 않은 사람에게 넘어갔다. **이것도 헛된 것이며 큰 악이로다.** 어찌 보면 악하기까지 한 일이었다.
지혜가 죽음 앞에 무력해지는 것을 보면서 전도자는 지혜도 삶의 목적이 될 수 없음을 깨달았다. 그래서 그것이 '헛되도다'라고 말한다. 여전히 많은 사람들은 지혜를 위해 살아가겠지만 전도자는 그것이 인생을 가치 있게 만드는 것은 아니라는 것을 깨달았다.

2:24 죽음 앞에서 지혜가 헛되게 될 때 철학에서는 허무주의가 생겼다. 그래서 많은 철학자들이 죽음을 미화하고 권장하기까지 한다. 그래서 전도자도 죽음에 대해

생각하면서 산다는 것에 대해서도 함께 생각한 것으로 보인다. 죽음이라는 단어는 산다는 것을 다시 생각나게 한다. **사람이 먹고 마시며 수고하는 것보다 그의 마음을 더 기쁘게 하는 것은 없나니.** '실존주의' 철학이 있다. 이것저것 생각하면 철학이 많은 경우 허무주의로 가는데 그러나 지금 살고 있는 것에 대해서 인정하자는 철학이다. 지금 먹고 마시며 수고하며 살고 있다. 그것이 힘들고 무의미한 것 같아서 '죽음'을 선택하는 사람이 있는데 그것보다는 지금 살아가는 것이 더 좋다. **이것도 본즉 하나님의 손에서 나오는 것이로다.** 깊이 생각하지 않아도 '산다는 것'은 중요하다. 산다는 것은 죽음보다 낫다. 살아있는데 자살로 인생을 마감하는 것은 결코 선한 것이 아니다. 하나님께서 인생을 주신 것이기에 일단 살아내는 것이 중요하다. 아직 인생의 의미를 몰라도 말이다. 그것은 생명에 대한, 생명을 주신 분에 대한 최소한의 예의이고 진리다.

2:25 먹고 즐기는 일을 누가 나보다 더 해 보았으랴. 살아낸다는 것은 귀한 것이다. 그런데 많은 사람이 그렇게 다 살고 있다. 전도자도 살아가는 것에 대해서는 지금도 잘 하고 있는 일이었다. 그러나 살아간다고 잘 사는 것은 아니다. 그것은 창조주 앞에서의 최소한의 예의요 진실이지만 살아야 하는 바른 자세와 진리는 아니다.

2:26 하나님은 그가 기뻐하시는 자에게는 지혜와 지식과 희락을 주시나. 살아가는 일에 있어서도 최소한의 진리가 이루어진다. 이 땅을 살면서 양심이 말하는 바른 것을 좇아 살아가는 것은 사실 하나님의 진리가 그 안에 어느 정도 담겨 있다. 그래서 최소한의 진리를 지키며 착하게 사는 것과 그것을 지키지 않고 악하게 사는 것은 많은 차이가 있다. 그냥 사는 것에도 그런 차이들이 있다. **이것도 헛되어 바람을 잡는 것이로다.** 그러나 인생의 의미는 그것에 있지 않다. 인생은 최소한의 예의와 진리가 아니라 그가 살아가야 하는 최대의 진리가 있다. 전도자는 그것을 찾고 있다. 단지 살아가는 것과 최소한의 양심을 지키며 사는 것으로는 전도자가 찾는 고귀한 인생의 의

미와 목적이 될 수 없음을 말한다.

지혜는 인생의 의미로 삼기에 유력해 보인다. 그러나 죽음 앞에서 생각해 보니 지혜는 아주 잠시 유용했던 것 같았을 뿐 오히려 우매한 사람과 같아지는 것을 보니 오히려 더욱더 배신감이 들어 미운 마음까지 들었다. 그럼에도 불구하고 꿋꿋이 살아가고 있는 모습도 어쩌면 조금은 인생의 의미가 될 수 있다. 그러나 그것은 최소한의 진리일 뿐이다. 인생의 그 많은 굴곡을 끝내 버텨내는 사람들을 보면 눈물이 나오기도 한다. 그러나 그것이 무슨 의미를 가질까? 결국 뒤돌아보면 무의미할 뿐이다. 삶이 하나님이 주신 것이기에 살아내는 것도 필요하지만 인생은 살아내는 것 이상의 가치를 가지고 있어야 한다. 인생은 소중하기 때문이다.

전도서 3:1-15

1 범사에 기한이 있고 천하 만사가 다 때가 있나니

A Time for Everything Everything that happens in this world happens at the time God chooses.

2 날 때가 있고 죽을 때가 있으며 심을 때가 있고 심은 것을 뽑을 때가 있으며

He sets the time for birth and the time for death, the time for planting and the time for pulling up,

3 죽일 때가 있고 치료할 때가 있으며 헐 때가 있고 세울 때가 있으며

the time for killing and the time for healing, the time for tearing down and the time for building.

4 울 때가 있고 웃을 때가 있으며 슬퍼할 때가 있고 춤출 때가 있으며

He sets the time for sorrow and the time for joy, the time for mourning and the time for dancing,

5 돌을 던져 버릴 때가 있고 돌을 거둘 때가 있으며 안을 때가 있고 안는 일을 멀리 할 때가 있으며

the time for making love and the time for not making love, the time for kissing and the time for not kissing.

6 찾을 때가 있고 잃을 때가 있으며 지킬 때가 있고 버릴 때가 있으며

He sets the time for finding and the time for losing, the time for saving and the time for throwing away,

7 찢을 때가 있고 꿰맬 때가 있으며 잠잠할 때가 있고 말할 때가 있으며

the time for tearing and the time for mending, the time for silence and the time for talk.

8 사랑할 때가 있고 미워할 때가 있으며 전쟁할 때가 있고 평화할 때가 있느니라

He sets the time for love and the time for hate, the time for war and the time for peace.

3장

⟨전도서 3:1-15은 전도자가 '시간에 대해 탐구'한 이야기다. 전도자는 인생의 의미를 찾기 위해 시간을 탐구하였다. 인생은 시간으로 구성되어 있기 때문에 시간 탐구는 매우 중요한 주제다. 같은 시간이지만 어떻게 보낼 때 가치 있고 의미 있는 인생이 될 수 있을까?⟩

3:1 천하 만사가 다 때가 있나니. 사람이 살아가면서 많은 일들을 겪는다. 그 많은 일이 사실 사람들마다 대동소이 하다.

3:2 날 때가 있고 죽을 때가 있으며. 날 때는 주변에서 매우 기뻐한다. 죽을 때는 모든 사람이 슬퍼한다. 그러나 사실 이러한 일은 모든 사람이 경험하는 일이다. 날 때라고 더 특별하고 죽을 때라고 더 특별한 것도 아니다.

3:5 돌을 던지는 것. 땅에서 돌을 빼내는 것을 의미할 것이다. 농사를 짓기 위해서는 땅에 돌이 있으면 밖으로 던져야 한다. **돌을 거둘 때.** 집을 짓기 위해 돌을 땅 안으로 들여오는 것을 말한다. 그렇게 돌이 땅 밖으로 나갈 때도 있고 들어올 때도 있다. 나가는 것이 특별한 것 아니고 들어오는 것도 특별한 것이 아니다. 그런 때가 있을 뿐이다. **안을 때가 있고 안는 일을 멀리 할 때가 있으며.** 집과 관련하여 해석한다면 따뜻하게 안아주어야 할 때가 있고 때로는 그렇지 않을 때도 있다.

3:7 찢을 때가 있고 꿰맬 때가 있으며. 아마 슬퍼하는 것을 표현하며 겉옷을 찢는 것과 관련되어 있을 것이다. 슬퍼하는 것이 끝나면 그 옷을 다시 꿰매야 한다. 슬픔과 회복의 때가 있다. **잠잠할 때가 있고 말할 때가 있으며.** 아마 큰 고통을 당한 사람을 향한 위로를 말할 것이다. 욥을 찾아온 친구들은 7일간 침묵하였다. 그리고 그 이후

9 일하는 자가 그의 수고로 말미암아 무슨 이익이 있으랴

What do we gain from all our work?

10 하나님이 인생들에게 노고를 주사 애쓰게 하신 것을 내가 보았노라

I know the heavy burdens that God has laid on us.

11 하나님이 모든 것을 지으시되 때를 따라 아름답게 하셨고 또 사람들에게는 영원을 사모하는 마음을 주셨느니라 그러나 하나님이 하시는 일의 시종을 사람으로 측량할 수 없게 하셨도다

He has set the right time for everything. He has given us a desire to know the future, but never gives us the satisfaction of fully understanding what he does.

12 사람들이 사는 동안에 기뻐하며 선을 행하는 것보다 더 나은 것이 없는 줄을 내가 알았고

So I realized that all we can do is to be happy and do the best we can while we are still alive.

13 사람마다 먹고 마시는 것과 수고함으로 낙을 누리는 그것이 하나님의 선물인 줄도 또한 알았도다

All of us should eat and drink and enjoy what we have worked for. It is God's gift.

14 하나님께서 행하시는 모든 것은 영원히 있을 것이라 그 위에 더 할 수도 없고 그것에서 덜 할 수도 없나니 하나님이 이같이 행하심은 사람들이 그의 앞에서 경외하게 하려 하심인 줄을 내가 알았도다

I know that everything God does will last for ever. You can't add anything to it or take anything away from it. And one thing God does is to make us stand in awe of him.

15 이제 있는 것이 옛적에 있었고 장래에 있을 것도 옛적에 있었나니 하나님은 이미 지난 것을 다시 찾으시느니라

Whatever happens or can happen has already happened before. God makes the same thing happen again and again.

에 말하였다. 잠잠해야 할 때가 있고 말해야 하는 때가 있다.

3:9 일하는 자가 그의 수고로 말미암아 무슨 이익이 있으랴. 때마다 그에 맞는 일이 있다. 그 일을 열심히 하면서 살았다 하여 그것이 그에게 무슨 유익이 있을까? 태어나지 못한 사람이 있나, 안 죽는 사람이 있나? 사람들은 이 세상을 살면서 이러저러한 일들을 다 겪는다. 그러나 그러한 일을 겪었다고 인생이 가치 있는 일이 되는 것은 아니다. 시간을 채우며 단순히 때를 사는 것은 인생을 가치 있게 하지 못한다.
많은 때를 살아가면서 사람은 많이 바쁘다. 정신없이 살아간다. 사람들에게 왜 성경을 읽지 않고 기도하지 않는지 물으면 '바빠서'그렇다고 말한다. 안 바쁜 사람이 어디 있을까? 인생은 많은 때로 가득하다. 그러나 그렇게 시간을 살아가느라 바빠서 중요한 일을 못하고 있다면 그것은 인생을 무가치하게 사는 것이다.

3:11 '모든 것이 때에 따라 적당한(아름다운) 일'이기에 그 때에 맞게 살고 있지만 '하나님이...사람들에게는 영원을 사모하는 마음을 주셨느니라'는 말씀처럼 영원한 가치를 가지지 못하는 것 때문에 갈등한다. 사람 안에는 영원이라는 시간이 막연하게 담겨 있다 그런데 지금 살고 있는 모습은 그냥 지나가고 있기 때문이다. **측량할 수 없게 하셨도다.** 때의 시간이 영원의 시간과 연결되지 못하는 것 때문에 갈등하는 모습이다.

3:12 기뻐하며 선을 행하는 것보다 더 나은 것이 없는 줄을 내가 알았고. 전도자는 인생의 의미를 찾으며 시간을 탐구하였는데 이번에는 약간의 성과를 얻었다. 아직은 잘 모른다. 그러나 그가 알게 된 것이 있다. 하나님께서 주신 시간 속에서 삶을 받아들이고 무슨 일을 하든지 기쁨으로 받아들이며 그곳에서 '선을 행하며'살아야 한다는 것이다.

3:13 낙을 누리는 그것이 하나님의 선물인 줄도 또한 알았도다. 기뻐하며 선을 행할 수 있는 것이 '하나님의 선물'임을 알았다고 말한다. 시간과 시간에서의 일이 하나님의 선물임을 알면 그것이 인생의 가치와 연결될 것이다. 하나님과 연결되면 가치가 있다. 하나님은 영원하신 분이기 때문에 하나님과 연결된 시간은 영원의 시간이 된다. 전도자는 아직 정확한 표현을 하지는 않고 있지만 시간에 대한 탐구 속에서 인생이 하나님의 선물임을 인식하면서 인생의 의미와 가치를 조금씩 보기 시작하고 있다.

3:14 하나님께서 행하시는 모든 것은 영원히 있을 것이라...그의 앞에서 경외하게 하려 하심인 줄을 내가 알았도다. '하나님을 경외'하는 것을 통해 하나님께 그리고 하나님의 행하심과 연결된다. 그러면 하나님을 경외하며 행하는 일은 영원의 시간과 연결된다.

3:15 하나님은 이미 지난 것을 다시 찾으시느니라. 세상의 일이 같아 보인다. 나고 태어나는 일이 계속 반복되고 있다. 그렇게 같다면 그 안에서의 삶이 무슨 가치 차이가 있을 수 있을까? 그런데 그렇게 반복되는 것 같으나 결코 같지 않다. 영어 번역본 CSB성경은 이 구절을 '하나님께서 박해받는 자들을 위해 정의를 찾으신다'라고 번역한다. 같은 것 같지만 같지 않고 지나 간 일 같으나 그렇게 끝나지 않는다. 그 안에는 가치가 다르며 가치 평가도 있을 것이다. 영원의 시간에 남는 가치 평가이다.

전도자가 시간을 탐구하며 인생의 의미를 찾는 것을 보았다. 시간과 그 안에서 사람들의 시간 채움을 보면 역시 세상은 허무한 것 같다. 그러나 지나가는 시간이 하나님과 연결되고 영원과 연결되면서 그 안에 영원의 가치가 담길 수 있음을 보면서 '알았도다'라고 말하는 것을 보았다.

16 또 내가 해 아래에서 보건대 재판하는 곳 거기에도 악이 있고 정의를 행하는 곳 거기에도 악이 있도다

Injustice in the World In addition, I have also noticed that in this world you find wickedness where justice and right ought to be.

17 내가 내 마음속으로 이르기를 의인과 악인을 하나님이 심판하시리니 이는 모든 소망하는 일과 모든 행사에 때가 있음이라 하였으며

I told myself, "God is going to judge the righteous and the evil alike, because every thing, every action, will happen at its own set time."

18 내가 내 마음속으로 이르기를 인생들의 일에 대하여 하나님이 그들을 시험하시리니 그들이 자기가 짐승과 다름이 없는 줄을 깨닫게 하려 하심이라 하였노라

I concluded that God is testing us, to show us that we are no better than animals.

19 인생이 당하는 일을 짐승도 당하나니 그들이 당하는 일이 일반이라 다 동일한 호흡이 있어서 짐승이 죽음 같이 사람도 죽으니 사람이 짐승보다 뛰어남이 없음은 모든 것이 헛됨이로다

After all, the same fate awaits human beings and animals alike. One dies just like the other. They are both the same kind of creature. A human being is no better off than an animal, because life has no meaning for either.

20 다 흙으로 말미암았으므로 다 흙으로 돌아가나니 다 한 곳으로 가거니와

They are both going to the same place—the dust. They both came from it; they will both go back to it.

21 인생들의 혼은 위로 올라가고 짐승의 혼은 아래 곧 땅으로 내려가는 줄을 누가 알랴

How can anyone be sure that the human spirit goes upwards while an animal's spirit goes down into the ground?

22 그러므로 나는 사람이 자기 일에 즐거워하는 것보다 더 나은 것이 없음을 보았나니 이는 그것이 그의 몫이기 때문이라 아, 그의 뒤에 일어날 일이 무엇인지를 보게 하려고 그를 도로 데리고 올 자가 누구이랴

So I realized then that the best thing we can do is to enjoy what we have worked for. There is nothing else we can do. There is no way for us to know what will happen after we die.

〈전도서 3:16-22는 전도자가 인생의 의미를 찾아 '정의에 대해 탐구'한 이야기다.〉

3:16 정의. '의'(체데크)를 판단하여 적용하는 것이 '정의'(미쉬파트)이다. 사람들은 의를 알고 잘 해석하고 적용하면서 살아야 한다. '정의'는 사람이 살아가면서 지켜야 하는 매우 중요한 것이다. 그래서 정의에서 인생의 의미를 발견하고 가치를 찾을 수 있는지 탐구하였다. **재판하는 곳 거기에도 악이 있고.** 재판하는 곳은 '성문 뜰'을 의미할 것이다. 당시 그곳에서 성 안의 일을 재판하였다. 그곳은 의에 대한 최종 판단을 하는 곳이다. 그곳은 정의가 배로 세워져야 하는 곳이다. 그런데 바로 그곳에 '악이 있고'라고 말한다. 정의가 가장 잘 세워져야 하는 곳이 악으로 물들어 있으면 다른 곳은 어떨까? 두 말할 필요도 없이 의는 흐리멍덩하고 악이 혼재되어 있을 것이다. 그렇게 정의를 위해 사는 사람이 매우 적다. 정의를 위해 사는 사람이 적을 뿐만 아니라 무엇이 정의인지 판단하는 것도 매우 어렵다. 재판하는 곳은 그래도 다수의 사람이 논리적으로 정의를 세우는 곳이다. 그러나 사람들이 '의'를 자신들의 입장에서 주관적으로 해석하고 적용하기 때문에 말이 달라서 정의가 바로 세워지기 참 어렵다.

3:17 의인과 악인을 하나님이 심판하시리니. 하나님께서 심판하신다. 하나님께서 심판하실 때 정의는 찬란하게 빛날 것이다. 그런데 지금은 아니다. **모든 행사에 때가 있음이라.** 모든 행동에 대해 심판하는 때가 있다. 아직은 심판하는 때가 아니기에 정의가 굽어 있어도 사람들은 알지 못한다. 심판 때에는 악인과 의인이 엄청난 차이가 있을 것이지만 지금은 아니다.

3:19 인생이 당하는 일을 짐승도 당하나니 그들이 당하는 일이 일반이라. 생각을 하지 못하는 짐승과 사고하는 인간을 비교하여 말한다. 그런데 죽음 앞에서는 동일하다. 더 생각을 많이 하는 사람이라고 더 오래 살지 않는다. 그렇다면 정의는 어떨까? 더

정의로운 사람이라고 더 오래 살지 않는다. 정의로운 사람이나 악한 사람이나 죽음 앞에서는 다 한가지다. 그래서 사람들이 보기에 정의는 그렇게 매력적이지 않다.

3:21 인생들의 혼은 위로 올라가고 짐승의 혼은...땅으로 내려가는 줄을 누가 알랴. 사람과 짐승이 같이 죽는 것 같지만 실상은 사람은 위로 하나님 앞에 가고 짐승은 땅으로 간다. 의인은 하나님 앞에서 의의 상급을 받을 것이요 악인은 심판을 받을 것이다. 그런데 사람과 동물의 죽음이 일반 사람들에게 구분되지 않아 '누가 알랴'라고 질문한다. 그렇다면 악인과 의인의 차이도 대체 누가 알겠는가? 그래서 사람들은 정의를 위해 살려 하지 않는다. 정의를 사람들이 인생의 보편적 가치로 삼아 살기에는 사람들의 삶의 모습이 그것을 너무 담아내지 못하고 있다. 그래서 정의는 인생의 목적이 될 수 없다. 헛되고 혼란스러운 것이다.

3:22 사람이 자기 일에 즐거워하는 것보다 더 나은 것이 없음을 보았나니. '대의로서 정의'는 하나님의 심판 때 분명히 드러나겠으나 지금 세상에서는 혼란스러울 때가 많다. 그러나 '소의로서 정의'는 분명하다. 남의 일에 대해서는 잘 모른다. 정치인들이 속으로 어떤 마음으로 그런 행동을 하는지 모른다. 그래서 여러 사람들 사이에서 정의를 세우는 대의로서의 정의를 잘 모른다. 그러나 우리는 최소한 내가 무슨 마음으로 무엇을 하는지는 알 수 있나. 정의인지 불의인지 알 수 있다. 그래서 내 마음 안에서 일어나는 소의로서 정의는 가능하고 매우 중요하다. 우리는 '자기 일에 즐거워하는' 삶을 살아야 한다. 겉으로 드러나는 큰 일로서의 정의는 아니지만 '자기 일'에 드러나는 소의로서 정의는 분명히 알 수 있고 지켜야 한다. **그것이 그의 몫이기 때문이라.** 소의로서 정의를 구분하는 것은 그가 해야 하는 일이다. 살아가는 순간 항상 분별해야 한다. 분별하고 정의를 행하는 것은 그에게 맡겨진 그의 몫이다. 그것이 인생을 가치 있게 만드는 일이다. **그의 뒤에 일어날 일이 무엇인지를 보게 하려고 그를 도로 데리고 올 자가 누구이랴.** 역사는 현세대가 아니라 다음 세대가 판단

하는 것이라고 말한다. 사실 다음 세대도 역사를 판단하기가 어렵다. 그렇게 대의로서 정의를 세워간다는 것이 매우 주관적이고 혼란스럽다. 그러나 소의로서 정의는 다르다. 나중의 일이 아니라 지금의 일이다. 지금 내 마음이 하나님 앞에 정직한지 그렇지 않은지를 바로 판단할 수 있다. 그렇게 판단하여 오늘 마치 하나님의 심판을 받는 것처럼 살아간다면 그는 인생을 가치 있게 살아갈 수 있을 것이다. 대의는 인생의 가치를 발견하는데 실패하는 경우가 많지만 오히려 소의로서 정의는 인생을 의미 있게 만들 것이다.

전도자는 대의로서 정의를 세워가는 것이 인생의 의미가 되지 못함을 말하였다. 실제 사람들의 삶이 그렇다. 대의를 말하면서도 서로 싸운다. 그러나 소의로서 정의를 세워가는 것에서는 가능성을 보며 말하고 있다. 사람들은 보통 대의로서 정의를 세워가는 것을 인생의 가치로 생각한다. 큰 일을 이루어야 인생의 가치가 있는 것처럼 말한다. 그러나 그것은 모든 사람을 위한 것이 아니다. 몇 사람이나 큰 의를 이룰 수 있을까? 또한 판단에 있어서도 매우 혼란스럽다. 그러나 소의로서 정의를 세워가는 것은 혼란스럽지도 않고 모든 사람에게 열려 있다. 그래서 인생의 의미로서 조금 더 부합하다고 할 수 있을 것이다. 자신이 정의를 행하고 있는지를 점검하고 정의를 위해 선택하는 삶을 살 때 인생의 온전한 목적까지는 아니어도 인생이 조금은 더 가치 있는 삶이 될 것이다.

전도서 4:1-16

1 내가 다시 해 아래에서 행하는 모든 학대를 살펴 보았도다 보라 학대 받는 자들의 눈물이로다 그들에게 위로자가 없도다 그들을 학대하는 자들의 손에는 권세가 있으나 그들에게는 위로자가 없도다

Then I looked again at all the injustice that goes on in this world. The oppressed were weeping, and no one would help them. No one would help them, because their oppressors had power on their side.

2 그러므로 나는 아직 살아 있는 산 자들보다 죽은 지 오랜 죽은 자들을 더 복되다 하였으며

I envy those who are dead and gone; they are better off than those who are still alive.

3 이 둘보다도 아직 출생하지 아니하여 해 아래에서 행하는 악한 일을 보지 못한 자가 더 복되다 하였노라

But better off than either are those who have never been born, who have never seen the injustice that goes on in this world.

4 내가 또 본즉 사람이 모든 수고와 모든 재주로 말미암아 이웃에게 시기를 받으니 이것도 헛되어 바람을 잡는 것이로다

I have also learnt why people work so hard to succeed: it is because they envy their neighbours. But it is useless. It is like chasing the wind.

5 우매자는 팔짱을 끼고 있으면서 자기의 몸만 축내는도다

They say that anyone would be a fool to fold his hands and let himself starve to death.

6 두 손에 가득하고 수고하며 바람을 잡는 것보다 한 손에만 가득하고 평온함이 더 나으니라

Perhaps so, but it is better to have only a little, with peace of mind, than to be busy all the time with both hands, trying to catch the wind.

7 내가 또 다시 해 아래에서 헛된 것을 보았도다

I have noticed something else in life that is useless.

8 어떤 사람은 아들도 없고 형제도 없이 홀로 있으나 그의 모든 수고에는 끝이 없도다 또 비록 그의 눈은 부요를 족하게 여기지 아니하면서 이르기를 내가 누구를 위하여는 이같이 수고하고 나를 위하여는 행복을 누리지 못하게 하는가 하여도 이것도 헛되어 불행한 노고로다

Here is a man who lives alone. He has no son, no brother, yet he is always working, never satisfied with the wealth he has. For whom is he working so hard and denying himself any pleasure? This is useless, too—and a miserable way to live.

4장

〈전도서 4:1-16는 전도자가 '권력에 대해 탐구'한 이야기다. 전도자는 인생의 의미를 찾아 여행을 하고 있다. 권력이 인생의 목적이 될 수 있는지를 탐구한다. 많은 사람들이 '힘'을 추구한다. 그렇다면 힘은 그것을 소유한 사람을 복되게 할까?〉

4:1 학대하는 자들의 손에는 권세가 있으나. 권력이 인생을 더 의미 있게 만드는지 살펴보기를 시작하면서 권력의 부패에 대해 말한다. 사람들이 힘을 추구하지만 힘은 많은 사람을 학대하고 있는 주범이다. 인생을 파괴하는 악한 역할을 할 때가 많다.

4:3 아직 출생하지 아니하여...더 복되다. 힘을 가진 자가 힘이 없는 자에게 행하는 악이 참으로 커서 차라리 출생하지 않는 것이 더 낫다고 말한다. 과장법이다. 그런데 힘이 그렇게 악한 일을 많이 한다는 것을 강조한다. 그렇다면 어떤 사람에게는 차라리 힘을 가지지 않는 것이 더 유익하다.

힘이 모인 곳에는 악이 함께 모여 있음을 많이 보았다. 어떤 사람은 선한 힘을 말한다. 그러나 나는 선한 힘이 모인 곳도 악이 함께 있는 것을 많이 보았다. 대표적으로 교회에 힘이 모이면 어떻게 될까? 교회가 선한 곳이기에 선하게 사용할까? 그렇지 않은 경우도 많다. 역사를 보면 교회가 힘을 가졌을 때 타락하였다. 오늘날에도 힘이 있는 큰 교회를 보라. 타락의 소리가 자주 들린다. 그런데도 이곳 저곳을 보라. 부흥이라는 이름으로 힘을 추구한다. 탐욕으로 힘을 추구하는 경우가 많다.

힘이 타락하는 것은 아주 쉽다. 타락하면 악한 일을 한다. 힘이 없으면 악한 일을 하려고 하여도 하지 못하는데 힘이 있으면 쉽게 할 수 있다. 악한 일을 하여도 누구도 제지하지 못한다. 그래서 더 많은 악한 일을 하게 된다. 힘이 타락하여 악한 일을 하는 것을 주변에서 많이 본다. 교회에서도 마찬가지이다. 힘을 모으는 것보다 더 어려운 것은 힘을 선하게 사용하는 것이다.

9 두 사람이 한 사람보다 나음은 그들이 수고함으로 좋은 상을 얻을 것임이라

Two are better off than one, because together they can work more effectively.

10 혹시 그들이 넘어지면 하나가 그 동무를 붙들어 일으키려니와 홀로 있어 넘어지고 붙들어 일으킬 자가 없는 자에게는 화가 있으리라

If one of them falls down, the other can help him up. But if someone is alone and falls, it's just too bad, because there is no one to help him.

11 또 두 사람이 함께 누우면 따뜻하거니와 한 사람이면 어찌 따뜻하랴

If it is cold, two can sleep together and stay warm, but how can you keep warm by yourself?

12 한 사람이면 패하겠거니와 두 사람이면 맞설 수 있나니 세 겹 줄은 쉽게 끊어지지 아니하느니라

Two people can resist an attack that would defeat one person alone. A rope made of three cords is hard to break.

13 가난하여도 지혜로운 젊은이가 늙고 둔하여 경고를 더 받을 줄 모르는 왕보다 나으니

A man may rise from poverty to become king of his country, or go from prison to the throne, but if in his old age he is too foolish to take advice, he is not as well off as a young man who is poor but intelligent.

14 그는 자기의 나라에서 가난하게 태어났을지라도 감옥에서 나와 왕이 되었음이니라

15 내가 본즉 해 아래에서 다니는 인생들이 왕의 다음 자리에 있다가 왕을 대신하여 일어난 젊은이와 함께 있고

I thought about all the people who live in this world, and I realized that somewhere among them there is a young man who will take the king's place.

16 그의 치리를 받는 모든 백성들이 무수하였을지라도 후에 오는 자들은 그를 기뻐하지 아니하리니 이것도 헛되어 바람을 잡는 것이로다

There may be no limit to the number of people a king rules; when he is gone, no one will be grateful for what he has done. It is useless. It is like chasing the wind.

4:4 새번역을 보자. "온갖 노력과 성취는 바로 사람끼리 갖는 경쟁심에서 비롯되는 것임을 나는 깨달았다. 그러나 이 수고도 헛되고, 바람을 잡으려는 것과 같다."(전 4:4) **경쟁심에서 비롯되는 것.** 힘은 아무리 많이 가져도 누군가 보다는 작기 때문에 여전히 또 힘을 더 가져야 한다. 학교 성적도 5등을 하면 1등을 해야 하고 1등을 하면 전교 1등을 해야 하고 그 이후로도 계속 다른 사람보다 더 잘해야 한다. 그렇게 노력하여 더 많은 것을 성취하여도 또 더 앞으로 나가야 한다. 그래서 끝이 없다. **이것도 헛되어 바람을 잡는 것이로다.** 힘을 더 잡는 것은 분명히 더 잡는 것 같다. 그러나 결국은 잡지 못 한다. 늘 앞에 있다.

4:5 우매자는 팔짱을 끼고. 힘이 악하다 하여 힘을 키우지 않으면 안 된다. 팔짱을 끼고 있는 게으른 우매자는 결국 먹을 것이 없어 자기의 몸을 먹어야 할지 모른다.

4:6 한 손에만 가득하고 평온함이 더 나으니라. 힘을 추구하되 적당한 힘을 추구해야 한다. 자신이 사용하지 않을 힘이나 잘못 사용할 힘이 아니라 온전하게 사용할 힘을 추구해야 한다. 두 손에 가득 채우려고 하면 더 많은 수고를 해야 하고 결국 잡지도 못할 것이다. 그러나 한 손에만 채우고자 하면 채울 수 있고 평온함도 있을 것이다. 빈 손으로 다른 사람을 돕는데 사용할 여력이 생길 것이다. 그것이 온전한 힘이다.

4:8 어떤 사람은 아들도 없고 형제도 없이 홀로 있으나 그의 모든 수고에는 끝이 없도다. 수고하는 사람이 '내가 누구를 위하여는 이같이 수고하고 나를 위하여는 행복을 누리지 못하게 하는가'라고 진지하게 생각해 보아야 하는데 그렇지를 못한다. 어쩌면 한탄으로 이렇게 말하였다가도 또 권력을 추구한다. 권력에 중독되어 있기 때문이다. 사람들이 '조금 더'에 중독되어 수고만 하면서 살고 있다. 그것이 결코 인생을 가치 있게 하는 것이 아닌데 그것에 속아 살고 있다.

4:9 두 사람이 한 사람보다 나음은. 두 사람의 힘을 한 사람이 가지고 있으면 더 좋을 것 같으나 오히려 두 사람이 나누어 가지고 있는 것이 더 좋다. 힘은 자체가 목적이 아니라 그것으로 배우기 위함이기 때문이다. 힘을 사용하면서 내 멋대로 사용하는 것이 아니라 함께 상의하며 사용할 때 더 유익하다.

4:12 세 겹 줄은 쉽게 끊어지지 아니하느니라. 같은 힘이 한 사람에게 있으면 패한다. 그것이 나뉘어 있어야 한다. 나뉘어 있어야 공동체를 배우고 화합하는 것을 배우고 베풂을 배운다.

4:13 가난하여도 지혜로운 젊은이가...왕보다 나으니. 왜 그럴까? 힘이 많이 있어 '경고를 받을 줄 모르는' 왕이 지금은 더 힘이 있어 일을 잘 하는 것 같으나 힘은 낡아진다. 그래서 '가난하고 지혜로운 젊은이' 즉 힘은 없으나 계속 받아들이는 열린 마음을 가진 사람이 결국은 이기기 때문이다. 힘이 있다고 힘만 믿고 있으면 망하게 되어 있다.

4:16 후에 오는 자들은 그를 기뻐하지 아니하리니. 힘은 타락한다. 힘이 없을 때는 다른 사람 말을 듣다가도 힘이 있으면 귀가 닫힌다. 그래서 결국 힘을 잃게 된다. 힘이 있어도 다 쓰지 않고 조절하여 오히려 밖으로부터의 힘을 의지하듯 열린 귀를 가지고 듣는 것이 좋다.

전도자가 힘에 대해 탐구하는 것을 보았다. 힘은 사실 대부분 사람들의 실제적인 추구 대상이지만 결코 그것이 인생의 목적이 될 수는 없다. 오히려 힘에서 많은 악이 나온다. 힘을 추구하는 것보다 힘을 조절하는 것이 중요하다. 힘을 잘 사용하는 것이 중요하다. 힘을 더 추구하면 한이 없고 사용은 하지 못하고 쌓다가 끝날 것이다.

악하게 사용할 것이다. 힘을 조절할 때 오히려 힘을 더 잘 사용하게 된다. 힘보다 더 중요한 많은 것들을 배우게 된다.

1 너는 하나님의 집에 들어갈 때에 네 발을 삼갈지어다 가까이 하여 말씀을 듣는 것이 우매한 자들이 제물 드리는 것보다 나으니 그들은 악을 행하면서도 깨닫지 못함이니라

Don't Make Rash Promises Be careful about going to the Temple. It is better to go there to learn than to offer sacrifices as foolish people do, people who don't know right from wrong.

2 너는 하나님 앞에서 함부로 입을 열지 말며 급한 마음으로 말을 내지 말라 하나님은 하늘에 계시고 너는 땅에 있음이니라 그런즉 마땅히 말을 적게 할 것이라

Think before you speak, and don't make any rash promises to God. He is in heaven and you are on earth, so don't say any more than you have to.

3 걱정이 많으면 꿈이 생기고 말이 많으면 우매한 자의 소리가 나타나느니라

The more you worry, the more likely you are to have bad dreams, and the more you talk, the more likely you are to say something foolish.

4 네가 하나님께 서원하였거든 갚기를 더디게 하지 말라 하나님은 우매한 자들을 기뻐하지 아니하시나니 서원한 것을 갚으라

So when you make a promise to God, keep it as quickly as possible. He has no use for a fool. Do what you promise to do.

5 서원하고 갚지 아니하는 것보다 서원하지 아니하는 것이 더 나으니

Better not to promise at all than to make a promise and not keep it.

6 네 입으로 네 육체가 범죄하게 하지 말라 사자 앞에서 내가 서원한 것이 실수라고 말하지 말라 어찌 하나님께서 네 목소리로 말미암아 진노하사 네 손으로 한 것을 멸하시게 하랴

Don't let your own words lead you into sin, so that you have to tell God's priest that you didn't mean it. Why make God angry with you? Why let him destroy what you have worked for?

5장

〈전도서 5:1-9에서 전도자는 인생의 의미를 찾아 '경건의 행동을 탐구'하였다. 전도자는 신앙인이기 때문에 경건의 행위를 통해 인생의 의미를 찾는 것은 당연한 모습일 것이다. 경건에서 그는 인생의 목적을 드디어 찾게 될까?〉

5:1 말씀을 듣는 것이 우매한 자들이 제물 드리는 것보다 나으니. 성전에 들어가고 그곳에서 제물을 드리는 것은 매우 중요한 경건의 행동이다. 그러나 경건의 행동이 믿음을 보장하지는 못한다. 성전에 참여하는 것만으로 만족하지 말고 말씀 듣는 것까지 해야 한다는 말씀이다. 설교를 하고 듣는 것으로 만족하는 것이 아니라 설교가 하나님의 말씀이어야 한다. 설교가 어려워도 하나님의 말씀이면 성공이요 하나님의 말씀이 아니라 설교라는 요식행위만 맞춘 것이라면 실패다. 예배에 참석할 때 하나님을 향한 마음으로 하나님의 말씀을 듣는 것을 기뻐해야 한다. 그래야 인생의 의미가 된다. 인생의 목적이 될 수 있다. **악을 행하면서도 깨닫지 못함이니라.** 성전에 가서 말씀을 듣는 것이 아니라 제물 드리는 것만 생각하는 사람은 성전에 들어가서도 자신의 삶을 돌아보지 않는다. 오직 제물 드리는 것만 생각하기 때문에 자신의 악을 깨닫지 못한다. 그러한 경건의 행동은 그에게 전혀 도움이 되지 못한다. 인생의 목적이 될 수 없다.

5:2 너는 하나님 앞에서 함부로 입을 열지 말며. '입을 여는 것'은 아마 기도를 의미할 것이다. 기도는 많이 하면 좋은 것으로 착각하는 사람들이 있다. 그러나 기도는 많이 하는 것이 중요하지 않다. 진심이 중요하다. 며칠 금식기도를 하고, 새벽기도를 빠지지 않고, 몇 시간씩 기도를 하여도 진심이 담기지 않은 기도는 헛된 경건의 행위에 불과하다. 기도할 때 시간과 양을 중시하다 보니 기도가 답답해져 있다. 기도할 때 조금은 더 단순하고 더 짧은 기도가 필요할 수 있다. 짧은 기도를 두려워하지

7 꿈이 많으면 헛된 일들이 많아지고 말이 많아도 그러하니 오직 너는 하나님을 경외할지니라

No matter how much you dream, how much useless work you do, or how much you talk, you must still stand in awe of God.

8 너는 어느 지방에서든지 빈민을 학대하는 것과 정의와 공의를 짓밟는 것을 볼지라도 그것을 이상히 여기지 말라 높은 자는 더 높은 자가 감찰하고 또 그들보다 더 높은 자들도 있음이니라

Life is Useless Don't be surprised when you see that the government oppresses the poor and denies them justice and their rights. Every official is protected by the one over him, and both are protected by still higher officials.

9 땅의 소산물은 모든 사람을 위하여 있나니 왕도 밭의 소산을 받느니라

Even a king depends on the harvest.

말고 침묵을 두려워하지 마라. 기도는 하나님과의 대화다. 아무렇게나 말하는 마음 없는 대화는 최악의 대화다. **하나님은 하늘에 계시고 너는 땅에 있음이니라.** 말할 때 조심해야 한다. 경건의 마음을 가지고 해야 한다. 땅의 사람들이 우러러보는 많은 시간과 많은 말이 아니라 하늘의 하나님께서 듣고 싶어하시는 마음을 고백하는 기도가 되어야 한다. 높으신 하나님을 인식하며 낮은 자의 마음으로 기도해야 한다. 창조주 앞에 선 피조물의 마음이 없으면 어찌 기도라 할 수 있을까? 큰 제물, 많은 기도 시간, 큰 서원 등이 하나님께 어울릴 것 같다. 그러나 그 반대. 피조물의 입장에서 아무리 커도 창조주 하나님 앞에서는 큰 것이 아니다. 그러기에 오히려 작지만 말씀 앞에 엎드리며, 단순하지만 진심의 기도를 하며, 작은 서원밖에 하지 못하지만 약속한 것을 꼭 지키는 그런 작은 진실한 사람이 되는 것이 더 중요하다. 그러면 아무리 작아도 결코 작은 것이 아니다. 크신 하나님께서 인정하시기 때문이다.

5:3 걱정이 많으면 꿈이 생기고. '걱정'은 '일'로 번역하는 것이 더 나을 것 같다. 해야 할 일이 많고 그래서 꿈에서까지 그 일과 관련된 것이 나타나는 것을 말한다. 어떤 사람은 그렇게 수많은 일에 눌려 있다. 그것처럼 수많은 기도의 내용은 우매한 자의 소리로 전락시킨다. 중보 기도하는 것도 좋지만 너무 많은 중보기도는 하나님과의 마음 나눔이 아니라 녹음기를 틀어 놓은 것이 될 것이다. 중보기도의 대안으로는 중보기도 할 사람을 늘 반복하지 말고 돌아가면서 하는 것이다. 그리고 중보기도를 너무 많이 하지 않는 것이다. 나의 기도로 세상을 다 짊어지려 하지 마라.

5:4 4절-7절은 경건의 행동으로서 서원에 대한 이야기다. **하나님께 서원하였거든 갚기를 더디게 하지 말라.** 서원은 하나님과의 약속이기 때문에 지켜야 한다. 서원을 사람과의 약속보다 더 못하게 지키는 사람들이 있다. 그러한 서원은 그 사람의 인생을 헛되게 한다.

5:5 서원하지 아니하는 것이 더 나으니. 오늘날에는 서원하고 지키지 않는 사람보다 서원하지 않는 사람이 훨씬 더 많은 것 같다. 이 구절은 서원하였으면 지켜야 한다는 것이지 서원하지 않아도 된다는 것은 아니다. 지키지 않는 서원은 거짓된 경건의 행동이다. 서원하지 않는 것은 경건의 모양조차도 없는 것이다.

5:6 서원한 것이 실수라고 말하지 말라. 하나님께서 은혜로 채워주셨는데 상황이 바뀌었다고 '서원한 것이 실수'라고 말하는 사람이 되지 말아야 한다. 화장실 들어갈 때와 나올 때 다른 사람이 되지 말고 하나님 앞에서는 아무리 작은 것이라도 진실해야 한다.

5:7 꿈이 많으면...많아도...오직 너는 하나님을 경외할지니라. 세상은 많으면 칭찬한다. 그러나 창조주 하나님 앞에서 무엇이 '많이'가 될 수 있을까? 하나님 앞에서는 적더라도 '경외하는 것'이 되어야 한다. 하나님을 경외하며 엎드려 순결하고 전심으로 나아가는 것이 중요하다. 하나님 앞에서는 적음이 문제가 아니라 많음이 문제가 되는 경우가 훨씬 더 많다. 그러니 적음을 걱정하지 말고 진실하고 순결하게 경외하며 나가기 위해 힘을 다 하라.

전도자가 경건을 탐구하면서 인생의 의미를 찾는 것을 보았다. 경건의 행동은 인생의 목적으로 삼고 가치를 발견하기에 충분한 일이다. 그러나 많은 이들이 그렇지 못한 것은 경건의 모양에 치우쳐 있다. 경건의 모양은 귀한 일이다. 그러나 하나님을 경외하는 경건의 마음이 없다면 헛된 것이다. 신앙인들이 경건의 모양에 그쳐 있는 것을 본다. 모양만 따라가면서도 여전히 '많음'을 추구하고 많이 하고 있다고 교만하고 자족한다. 그러나 경건의 모양이 아무리 많아도 경건의 마음이 없으면 아무 소용이 없다. 하나님을 경외하는 경건의 마음을 담아야 한다. 작지만 위대한 경건한 마음으로 가득 찬 경건의 삶이 되기를 기도한다.

10 은을 사랑하는 자는 은으로 만족하지 못하고 풍요를 사랑하는 자는 소득으로 만족하지 아니하나니 이것도 헛되도다

If you love money, you will never be satisfied; if you long to be rich, you will never get all you want. It is useless.

11 재산이 많아지면 먹는 자들도 많아지나니 그 소유주들은 눈으로 보는 것 외에 무엇이 유익하랴

The richer you are, the more mouths you must feed. All you gain is the knowledge that you are rich.

12 노동자는 먹는 것이 많든지 적든지 잠을 달게 자거니와 부자는 그 부요함 때문에 자지 못하느니라

Workers may or may not have enough to eat, but at least they can get a good night's sleep. The rich, however, have so much that they stay awake worrying.

13 내가 해 아래에서 큰 폐단 되는 일이 있는 것을 보았나니 곧 소유주가 재물을 자기에게 해가 되도록 소유하는 것이라

Here is a terrible thing that I have seen in this world: people save up their money for a time when they may need it,

14 그 재물이 재난을 당할 때 없어지나니 비록 아들은 낳았으나 그 손에 아무것도 없느니라

and then lose it all in some unlucky deal and end up with nothing left to pass on to their children.

15 그가 모태에서 벌거벗고 나왔은즉 그가 나온 대로 돌아가고 수고하여 얻은 것을 아무것도 자기 손에 가지고 가지 못하리니

We leave this world just as we entered it—with nothing. In spite of all our work there is nothing we can take with us.

〈전도서 5:10-20에서 전도자는 '부요함에 대해 탐구'한다. 돈은 오늘날 사람들에게 가장 인기 있다. 전도자는 돈이 인생의 목적이 될 수 있는지 탐구를 시작한다.〉

5:10 은을 사랑하는 자는 은으로 만족하지 못하고. '은'은 '돈'을 의미한다. 당시 화폐가 대부분 은으로 되었었기 때문이다. '사랑'은 만나는 지점이 있을 때 행복하다. 그런데 돈을 사랑하는 사람은 '만족하지 못한다'라고 말한다. 돈을 좋아하는 사람은 돈이 충분하다고 말하지 않는다. 늘 부족하다 생각한다. 그래서 늘 돈을 더 벌어야 한다. 돈을 벌어야만 하는 돈에 매인 사람이 된다. 돈을 더 버는 것이 가치 있는 일이라면 인생의 목적이 될 수 있을 것이다. 그런데 돈은 결코 그 자체로 가치 있는 일이 되지 못한다.

5:11 재산이 많아지면 먹는 자들도 많아지나니. 사람들이 더 많은 돈을 벌기 위해 인생을 다 바치고 있는데 더 많은 돈을 가지게 되면 어떻게 될까? 돈이 많아지면 불청객 식솔이 많아진다. 돈을 유지하기 위한 비용이 많이 들어간다. 돈이 많아지면 차를 비싼 것을 사야 하고 집도 비싼 것을 사야한다. 그것을 유지하기 위해 더 많은 돈이 들어간다. 그렇게 규모가 커지면 더 많은 돈이 필요하니 더 많은 돈을 벌어야 한다.

5:12 부자는 그 부요함 때문에 자지 못하느니라. 부자가 되면 걱정이 줄어들어야 할 것 같은데 오히려 걱정이 더 늘어난다고 말한다. 걱정이 더 늘어난다면 그것이 진짜 부요해진 것일까? 가난해진 것이 아닐까?

5:13 큰 폐단...소유주가 재물을 자기에게 해가 되도록 소유하는 것. 돈이 많은 사람은 그 돈으로 안전하게 되는 것이 아니라 오히려 위험이 더 증가한다. 주변을 보라. 안전하기 위해 돈을 벌었는데 일정 수준 이상의 많은 돈을 가지고 있으면 오히려

16 이것도 큰 불행이라 어떻게 왔든지 그대로 가리니 바람을 잡는 수고가 그에게 무엇이 유익하랴

It isn't right! We go just as we came. We labour, trying to catch the wind, and what do we get?

17 일평생을 어두운 데에서 먹으며 많은 근심과 질병과 분노가 그에게 있느니라

We have to live our lives in darkness and grief, worried, angry, and sick.

18 사람이 하나님께서 그에게 주신 바 그 일평생에 먹고 마시며 해 아래에서 하는 모든 수고 중에서 낙을 보는 것이 선하고 아름다움을 내가 보았나니 그것이 그의 몫이로다

This is what I have found out: the best thing anyone can do is to eat and drink and enjoy what he has worked for during the short life that God has given him; this is man's fate.

19 또한 어떤 사람에게든지 하나님이 재물과 부요를 그에게 주사 능히 누리게 하시며 제 몫을 받아 수고함으로 즐거워하게 하신 것은 하나님의 선물이라

If God gives a man wealth and property and lets him enjoy them, he should be grateful and enjoy what he has worked for. It is a gift from God.

20 그는 자기의 생명의 날을 깊이 생각하지 아니하리니 이는 하나님이 그의 마음에 기뻐하는 것으로 응답하심이니라

Since God has allowed him to be happy, he will not worry too much about how short life is.

위험이 증가한다.

5:14 아들은 낳았으나 그 손에 아무것도 없느니라. 돈이 많으면 없어질 위험도 커서 가장 중요한 가족을 위해서도 사용할 최소한의 돈 조차도 없어지기 쉽다. 사업하는 사람이 많이 그렇다. 그렇게 부자였는데 한 순간에 빚쟁이가 된다.

5:15 벌거벗고 나왔은즉 그가 나온 대로 돌아가고. 사람은 죽을 때 자신이 가진 재산 중에 어느 것 하나 가지고 가지 못한다. 그러니 죽음 이후 자신의 삶을 평가받을 때 돈은 아무것도 아니다.

5:17 어두운 데에서 먹으며 많은 근심과 질병과 분노가 그에게 있다. 이 구절은 아마 갑자기 돈을 잃은 사람에 대한 이야기일 것이다. 돈에 모든 가치를 두고 평생 더 많은 돈을 벌기 위해 살았는데 그렇게 돈이 많아지면 오히려 위험이 증가하여 어쩌면 생전에 모든 것을 잃을 때가 올 수 있다. 그러면 그 사람은 어둠 속에 살게 된다. 근심과 질병과 분노로 찌든 삶을 살다 마친다. 돈이 자신의 인생이었기에 돈이 없으니 그 사람이 없다. 인생도 없다.

5:18 하나님께서 그에게 주신 바. 돈은 하나님께서 주신 것에 만족하는 것이 매우 중요하다. 그것이 많든 적든 마찬가지다. 많으면 그것으로 누군가를 섬기면서 살 수 있으니 좋다. 적으면 그것으로 겸손을 배울 수 있으니 좋다. 훈련으로 하는 금욕주의도 있다. 어차피 인생은 그리 길지 않다. 영생을 믿는 사람에게 인생은 결코 길지 않다. **먹고 마시며 해 아래에서 하는 모든 수고 중에서 낙을 보는 것이 선하고.** 하나님께서 주신 것을 기쁨으로 받아들이고 즐길 줄 알아야 한다. 자신의 인생에 주어진 것을 기뻐할 때 진정 자신의 인생이 된다. 주어진 인생을 기뻐하지 않고 튕기는 삶을 살면 결국 자기 부정이 된다. 하나님께서 주신 재능과 환경이 나와 합하여 아름다

운 인생이 된다. 그러한 것을 받아들이면 '기쁨'으로 나타난다. 기쁨이 없는 것은 지금 주어진 것을 받아들이지 않기 때문이다. 받아들이지 않으면 결국 자신의 인생을 살지 못하게 된다. 하나님께서 주신 것을 가지고 내가 만들어가야 하는 인생을 만들지 못하고 늘 재료 탓하면서 멈춘 인생이 되는 것이다. 내 앞에 높여진 재료가 무엇이든 그것으로 놀라운 작품을 만들 수 있다. 그런데 그 재료를 받아들이지 않으면 아무것도 만들지 못한다.

5:19 하나님이 재물과 부요를 그에게 주사 능히 누리게 하시며. 재물을 가지고 누리면 부요가 될 것이요 누리지 못하면 빈곤이 될 것이다. 오직 누리는 것만 내 것이 된다. 오늘날 우리의 부요는 어느 시대보다 더 풍성하다. 핸드폰을 가지고 다닌다는 것이 얼마나 놀라운 일인지? 밥을 언제든지 먹을 수 있다는 것이 얼마나 부요한 것인지? 지구상에는 지금도 매일 한 끼조차 먹지 못하는 사람들이 매우 많다. 그런데 먹을 수 있으면서도 그것을 감사하지 못하고 누리지 못하면 얼마나 부를 누리지 못하는 사람인가? 그런데 우리 주변에는 그렇게 자신의 부요를 누리지 못하는 사람이 너무 많다. 누리지 못해서 가난하다.

5:20 새번역을 보자. "하나님은 이처럼, 사람이 행복하게 살기를 바라시니, 덧없는 인생살이에 크게 마음 쓸 일이 없다." (전 5:20) '우리가 기뻐하는 것'이 우리를 향한 하나님의 뜻이다. 기뻐하면 우리의 인생에 다른 것이 끼어들 틈이 생기지 않는다. 인생을 기뻐하지 않으면 수많은 거짓이 끼어들 것이다. 그러나 기뻐하면 거짓이 끼어들 여지가 없다. 지금 가진 재산으로 기뻐하는 방법을 찾으라. 더 많은 돈이 있어야 기뻐할 수 있는 것이 아니다. 지금 기뻐하지 않으면 대체 언제 기뻐하겠는가? 우리는 '항상 기뻐해야' 한다. 지금 돈이 적어도 그것으로 짜장면 한 그릇을 사먹을 수 있음에 기뻐하고, 누군가를 도울 수 있음에 기뻐하고, 오늘 누군가에게 전화할 수 있으니 기뻐할 수 있다. 그것을 누리면서 진정 기뻐할 수 있어야 한다. 그

래야 우리가 가진 것이 행복한 재산이 된다.

사람들은 현실적으로 돈을 인생의 목적으로 삼은 경우가 많다. 그런데 현실적으로 대부분 돈이 그 사람을 파괴하고 있다. 돈이 어느 순간부터 나를 파괴하고 있는지 잘 살펴야 한다. 내가 돈으로 행복한 사람이 되어야 한다. 돈이 나를 파괴하는 주인이 된 자리에서 이제 바꾸어야 한다. 내가 돈을 행복하게 사용하는 자리로. 돈이 없어도 그것에 매이지 않고 여전히 행복할 수 있고, 돈이 적어도 행복할 수 있고, 많아도 행복할 수 있는 사람이 되어야 한다. 내가 주인이면 그것이 된다. 그러나 돈이 주인이면 돈이 없어도 불행하고 많아도 불행하다. 부자는 돈 때문에 행복한 사람이다. 많아서가 아니라 다스릴 줄 알고 누릴 줄 알아서 그렇다.

전도서 6:1-12

1 내가 해 아래에서 한 가지 불행한 일이 있는 것을 보았나니 이는 사람의 마음을 무겁게 하는 것이라

I have noticed that in this world a serious injustice is done.

2 어떤 사람은 그의 영혼이 바라는 모든 소원에 부족함이 없어 재물과 부요와 존귀를 하나님께 받았으나 하나님께서 그가 그것을 누리도록 허락하지 아니하셨으므로 다른 사람이 누리나니 이것도 헛되어 악한 병이로다

God will give someone wealth, honour, and property, yes, everything he wants, but then will not let him enjoy it. Some stranger will enjoy it instead. It is useless, and it's all wrong.

3 사람이 비록 백 명의 자녀를 낳고 또 장수하여 사는 날이 많을지라도 그의 영혼은 그러한 행복으로 만족하지 못하고 또 그가 안장되지 못하면 나는 이르기를 낙태된 자가 그보다는 낫다 하나니

A person may have a hundred children and live a long time, but no matter how long he lives, if he does not get his share of happiness and does not receive a decent burial, then I say that a baby born dead is better off.

4 낙태된 자는 헛되이 왔다가 어두운 중에 가매 그의 이름이 어둠에 덮이니

It does that baby no good to be born; it disappears into darkness, where it is forgotten.

5 햇빛도 보지 못하고 또 그것을 알지도 못하나 이가 그보다 더 평안함이라

It never sees the light of day or knows what life is like, but at least it has found rest-

6 그가 비록 천 년의 갑절을 산다 할지라도 행복을 보지 못하면 마침내 다 한 곳으로 돌아가는 것뿐이 아니냐

more so than the man who never enjoys life, though he may live two thousand years. After all, both of them are going to the same place.

6장

⟨전도서 6:1-12는 '소원 성취에 대한 탐구'이다. 전도서는 인생의 의미를 찾는 한 사람(전도자)으로서 여러 탐구를 진행하고 있다. 소원 성취는 인생을 가치 있게 만들어 줄까?⟩

6:1 해 아래에서 한 가지 불행한 일이 있는 것을 보았나니. 한 가지 불행한 일은 '사람의 마음을 무겁게 하는 것이라'고 말한다. '무거운'은 '보편적인'이라는 의미도 가진 단어다. 사람들에게 매우 일반적으로 퍼져 있는 옳은 일처럼 보이지만 실제로는 불행한 일이라고 말한다. 대부분 가치 있는 일인 줄 알지만 실제로는 의미 없는 일이기 때문이다.

6:2 어떤 사람은 그의 영혼이 바라는 모든 소원에 부족함이 없어 재물과 부요와 존귀를 하나님께 받았으나. 소원을 가졌고 그것을 다 이루었다. **하나님께서 그가 그것을 누리도록 허락하지 아니하셨으므로.** 소원성취를 하였는데 그것을 누리지 못하는 것을 말한다. 사람들은 저마다의 소원을 가지고 소원을 이루기 위해 힘을 다한다. 소원을 이루는 사람은 극소수다. 그런데 그렇게 소원을 이룬 사람마저 소원성취가 기쁨이 되지 못하는 경우가 대부분이다. '가장 행복한 순간이 가장 불행한 순간이다'라고 말하기도 한다. 가장 행복하면 그 이후 내려가는 일만 남았기 때문이다. 그렇게 바라는 일을 다 이루었는데 이루었을 때 허전함만 강하게 남아 있는 경우가 많다.

6:3 사람이 비록 백 명의 자녀를 낳고 또 장수하여 사는 날이 많을지라도. 이 당시는 자손이 많고 장수하는 것을 행복의 조건으로 삼는 사람이 많았다. 그렇게 소원하였고 소원이 이루어졌다.

7 사람의 수고는 다 자기의 입을 위함이나 그 식욕은 채울 수 없느니라

People do all their work just to get something to eat, but they never have enough.

8 지혜자가 우매자보다 나은 것이 무엇이냐 살아 있는 자들 앞에서 행할 줄을 아는 가난한 자에게는 무슨 유익이 있는가

How are the wise better off than fools? What good does it do the poor to know how to face life?

9 눈으로 보는 것이 마음으로 공상하는 것보다 나으나 이것도 헛되어 바람을 잡는 것이로다

It is useless; it is like chasing the wind. It is better to be satisfied with what you have than to be always wanting something else.

10 이미 있는 것은 무엇이든지 오래 전부터 그의 이름이 이미 불린 바 되었으며 사람이 무엇인지도 이미 안 바 되었나니 자기보다 강한 자와는 능히 다툴 수 없느니라

Everything that happens was already determined long ago, and we all know that you cannot argue with someone who is stronger than you are.

11 헛된 것을 더하게 하는 많은 일들이 있나니 그것들이 사람에게 무슨 유익이 있으랴

The longer you argue, the more useless it is, and you are no better off.

12 헛된 생명의 모든 날을 그림자 같이 보내는 일평생에 사람에게 무엇이 낙인지를 누가 알며 그 후에 해 아래에서 무슨 일이 있을 것을 누가 능히 그에게 고하리요

How can anyone know what is best for us in this short, useless life of ours— a life that passes like a shadow? How can we know what will happen in the world after we die?

그러한 행복으로 만족하지 못하고. 소원을 성취하기 위해 열심히 달려갔을 것이다. 성취하였다. 그런데 뒤돌아보면 결코 그렇게 만족하지 못할 것이다. 소원을 이룰 때 잠시 행복하기는 하였겠지만 다 이루고도 행복하지 못하는 것이라면 그 소원이 진정 옳은 것일까? **그가 안장되지 못하면 나는 이르기를 낙태된 자가 그보다는 낫다 하나니.** '안장되지 못하면'이라는 뜻은 '묘에 묻히지 못하는 것' '적당한 장례가 없는 것'을 의미한다. 고대 사람들은 묘에 묻히지 못하면 영이 먹을 것도 없이 구천을 떠돈다고 생각하는 경향이 많았다. 그러나 전도자는 그런 의미보다는 사람으로서의 위엄 있는 죽음으로 대우받는 것을 의미하는 것으로 보인다. 그렇게 소원성취를 위해 모든 수고를 하였지만 마지막 가는 길은 비참한 사람이 많다. 자식이 서울대에 들어가고 훌륭한 의사가 되어 장사 농사에 성공한 것 같아 으시댔지만 신앙에는 실패하여 결국 자신이 죽어 예배도 없이 장례를 치르는 불행이 많다.

6:5 햇빛도 보지 못하고. 낙태아에 대한 이야기다. 낙태된 자는 비참함의 대명사다. 그런데 소원성취만을 위해 달려가는 사람이 그보다 더 비참하다고 말한다. 소원성취를 위해 먹지 않고, 자지 않고, 쓰지 않고 살았는데 결국 비참함만이 남아 낙태된 자보다 더 '평안함(안식)'이 없는 경우가 많다. 그런 종류의 소원이라면 그것이 무슨 의미가 있을까?

6:9 눈으로 보는 것이 마음으로 공상하는 것보다 나으나. '눈으로 보는 것'은 '작아도 이미 가지고 있는 것' 또는 '소원 성취'일 것이다. '공상하는 것'은 '소원하고 있는 것'이다. 그래서 소원하는 것보다 소원성취가 낫다고 해석할 수 있고 아니면 소원을 이루기 위해 달려가기만 하는 것보다 지금 가진 것을 즐길 줄 아는 것이 더 낫다는 것일 수도 있다. 소원성취는 소원하기만 하는 것보다 더 낫다. 그러나 그것은 '바람을 잡는 것'이라 말한다. 매우 어려운 일이다. 그러면서도 무의미한 일이다.

6:10 이미 있는 것은 무엇이든지 오래 전부터 그의 이름이 이미 불린 바 되었으며. 그렇게 소원하는 것이 무엇인지를 생각해 보아야 한다. 사람들이 하는 일, 대단히 큰 소원 같은 일 등은 그렇게 큰 일이 아니다. 이미 있는 일이다. '이름이 이미 불린 바'이다. 하나님께서 창조하셨고 존재 목적을 정해주셨다. 그 속에서 살아가는 것이다. **자기보다 강한 자와는 능히 다툴 수 없느니라.** '자기보다 강한 자'는 하나님을 의미한다. 그가 소원하는 일이 하나님의 뜻을 벗어나 이루어질 수 없다. 배고프면 밥을 먹어야 하고, 비 오면 멈추어야 하고, 나이 들면 죽어야 한다. 하나님의 뜻을 거슬러 아무것도 할 수 없다.

6:11 새번역이 나은 번역일 것 같다. "말이 많으면 빈 말이 많아진다. 많은 말이 사람에게 무슨 도움을 주는가?" (전 6:11) 말이 많으면 헛된 말이 많아지듯이 소원성취를 위한 많은 일은 그 사람에게 유익한 것이 아니라 오히려 더 무가치한 것만 만들 뿐이다.

더 많은 일이 아니라 한 가지가 중요하다. 모든 소원보다 더 근원적인 한 가지다. 소원을 다 이루었을 때 허무로 끝나는 것이 아니라 기뻐할 수 있는 한 가지가 필요하다. 그것은 하나님의 뜻이다. 소원하는 일이 내가 기뻐서 하는 일이면 그것을 이루었을 때 오히려 허무할 것이다. 그러나 하나님의 뜻을 좇아 나를 향한 하나님의 소원으로 그 일을 이루었으면 소원을 이루었을 때 하나님의 웃는 얼굴을 대하게 될 것이다. 하나님의 뜻을 이루었기에 영원한 행복이 있다.

6:12 그림자 같이 보내는 일평생. '그림자'는 짧은 인생, 빠르게 지나가는 인생, 실체 없는 인생을 말할 때 사용하는 이미지다. 이 땅에 수없이 많은 사람들이 살고 죽었다. **무엇이 낙인지를 누가 알며.** '낙'(토브)은 '선한'이나 '좋은'으로 번역하는 것이 더 좋을 것 같다. 무엇이 짧은 인생을 그림자가 아니라 실체 있는 선한 인생으로 살 수 있게 해 줄까? **후에 해 아래에서 무슨 일이 있을 것을 누가 능히 그에게 고하리요.** 죽음

이후 이 땅에 무슨 일이 일어날지를 누구도 모른다. 사람은 그렇게 분명한 한계를 가지고 있다. 사람은 모르나 하나님은 아신다. 사람은 거짓되지만 하나님은 선하시다. 그래서 하나님의 뜻이 중요하다. 사람의 뜻은 인생을 그림자 인생으로 만드나 하나님의 뜻은 실체 있는 삶으로 만든다. 사람의 머리는 장차 이 땅에 일어날 일을 모르니 그것을 위해 무엇을 해야 할지 모른다. 그러나 하나님은 장차 이 땅에서 일어날 일을 아시고 그것을 위해 우리에게 뜻을 가지고 계신다. 하나님의 뜻이 나의 소원이면 나의 소원이 이루어질 때 하나님의 뜻이 이루어진다. 하나님의 뜻과 우리의 소원이 하나가 될 때 인생을 위대하게 만들고 아름답게 만든다. 영원토록 가치 있게 만든다.

무엇을 꿈꾸고 있나? 사람들이 무엇인가를 소원하고 그것 때문에 일평생 수고하며 살고 있다. 드디어 소원성취를 이룰 때 손에 잡았다 생각하였으나 사실 아무것도 잡은 것이 없다. 사람들의 소원은 오히려 그림자 인생을 만드는데 일조할 뿐이다. 우리의 소원이 '나를 향한 하나님의 뜻을 이루는 것'이어야 한다. 나의 소원만 있으면 허망하나 하나님의 뜻으로 세워진 나의 소원은 가치로 충만하다. 나를 존귀하게 하고 인생을 아름답게 한다. 나를 향한 하나님의 뜻이 우리의 소원이 되어, 하나님의 뜻과 우리의 소원이 하나가 되어 행복하고 가치 있는 인생이 되어야 한다.

전도서 7:1-14

1 좋은 이름이 좋은 기름보다 낫고 죽는 날이 출생하는 날보다 나으며

Thoughts about Life A good reputation is better than expensive perfume; and the day you die is better than the day you are born.

2 초상집에 가는 것이 잔칫집에 가는 것보다 나으니 모든 사람의 끝이 이와 같이 됨이라 산 자는 이것을 그의 마음에 둘지어다

It is better to go to a home where there is mourning than to one where there is a party, because the living should always remind themselves that death is waiting for us all.

3 슬픔이 웃음보다 나음은 얼굴에 근심하는 것이 마음에 유익하기 때문이니라

Sorrow is better than laughter; it may sadden your face, but it sharpens your understanding.

4 지혜자의 마음은 초상집에 있으되 우매한 자의 마음은 혼인집에 있느니라

Someone who is always thinking about happiness is a fool. A wise person thinks about death.

5 지혜로운 사람의 책망을 듣는 것이 우매한 자들의 노래를 듣는 것보다 나으니라

It is better to have wise people reprimand you than to have stupid people sing your praises.

6 우매한 자들의 웃음 소리는 솥 밑에서 가시나무가 타는 소리 같으니 이것도 헛되니라

When a fool laughs, it is like thorns crackling in a fire. It doesn't mean a thing.

7 탐욕이 지혜자를 우매하게 하고 뇌물이 사람의 명철을 망하게 하느니라

You may be wise, but if you cheat someone, you are acting like a fool. If you take a bribe, you ruin your character.

7장

〈전도서 7:1-14은 전도자가 인생의 의미를 찾아 '현실을 탐구'하는 이야기다. 세상은 매우 비이성적으로 흘러갈 때가 많다. 그 속에서 지혜를 가지고 살아가는 것은 중요하다. 〉

7:1 좋은 이름이 좋은 기름보다 낫고. 좋은 평판을 듣는 것이 좋고 값비싼 기름보다 더 좋다. 더 가치 있고 더 좋은 냄새다. 특별히 그 사람이 죽었을 때 좋은 평판을 듣는다면 참으로 귀한 일일 것이다. 어떤 비싼 향유로 시체를 처리한 것보다 더 향기나는 일이다. **죽는 날이 출생하는 날보다 나으며.** 출생하는 날은 힘든 훈련 시작이다. 죽는 날은 훈련이 마치는 날이다. 기독교의 내세론에 대해 모르는 일반 철학이나 종교에서도 때때로 죽는 날을 출생하는 날보다 더 귀하게 보기도 한다. 막연하지만 진리에 대한 희미한 탐구의 가능성일 수 있다.

7:2 초상집에 가는 것이 잔칫집에 가는 것보다 나으니. 인간 예의로서라도 초상집에 가는 것이 더 좋다. 또한 나는 장례식장에 가면 '선물'을 받는다고 말하곤 한다. 죽음에 대해 다시 생각하게 되는 것이 선물이다. **모든 사람의 끝이 이와 같이 됨이라.** 죽음은 모든 사람의 끝이다. 사람들은 그것을 잘 알고 있으면서도 실제로는 모르는 사람처럼 산다. 그래서 초상집에 가서 자신의 죽음에 대해 다시금 직시하는 것이 필요하다. **산 자는 이것을 그의 마음에 둘지어다.** '산자'가 강조된 문장이다. 산 자가 바르게 살기 위해서는 죽음을 마음에 두어야 한다.

7:3 슬픔이 웃음보다 나음. 일반적인 웃음과 근심에 대해 말하는 것이 아니다. 장례식장에서의 슬픔과 잔칫집에서의 웃음에 대한 이야기다. 장례식장에서의 슬픔과 근심은 '마음에 유익'하다. 조금 더 깊은 현실을 보게 하기 때문이다. 모든 사람이

8 일의 끝이 시작보다 낫고 참는 마음이 교만한 마음보다 나으니

The end of anything is better than its beginning. Patience is better than pride.

9 급한 마음으로 노를 발하지 말라 노는 우매한 자들의 품에 머무름이니라

Keep your temper under control; it is foolish to harbour a grudge.

10 옛날이 오늘보다 나은 것이 어찜이냐 하지 말라 이렇게 묻는 것은 지혜가 아니니라

Never ask, "Oh, why were things so much better in the old days?" It's not an intelligent question.

11 지혜는 유산 같이 아름답고 햇빛을 보는 자에게 유익이 되도다

Everyone who lives ought to be wise; it is as good as receiving an inheritance

12 지혜의 그늘 아래에 있음은 돈의 그늘 아래에 있음과 같으나, 지혜에 관한 지식이 더 유익함은 지혜가 그 지혜 있는 자를 살리기 때문이니라

and will give you as much security as money can. Wisdom keeps you safe— this is the advantage of knowledge.

13 하나님께서 행하시는 일을 보라 하나님께서 굽게 하신 것을 누가 능히 곧게 하겠느냐

Think about what God has done. How can anyone straighten out what God has made crooked?

14 형통한 날에는 기뻐하고 곤고한 날에는 되돌아 보아라 이 두 가지를 하나님이 병행하게 하사 사람이 그의 장래 일을 능히 헤아려 알지 못하게 하셨느니라

When things are going well for you, be glad, and when trouble comes, just remember: God sends both happiness and trouble; you never know what is going to happen next.

죽게 될 것이라는 가장 분명한 깊은 현실을 보게 하기 때문이다. 죽음에 대한 고찰

과 인식은 피상적인 현실을 넘어 더 깊은 현실을 보게 한다.

7:5 지혜로운 사람의 책망...우매한 자들의 노래를 듣는 것보다 나으니라. '노래'는 '칭송'의 의미로도 볼 수 있다. 사람들은 칭송을 듣고 싶어한다. 그러나 지혜로운 사람의 책망이 더 좋은 말이다.

7:6 우매한 자들의 웃음 소리는... 타는 소리. 가느다란 가시 나무가 타는 소리는 대단한 것 같으나 오래가지 못하고 금세 사그라진다. 어리석은 자들의 웃음 소리가 얼마나 갈까?

7:7 탐욕이 지혜자를 우매하게 하고. 세상에서 어리석은 사람보다 지혜로운 사람이 낫다. 그런데 그 지혜는 분명한 한계를 가지고 있다. '탐욕'은 '억압'이 더 기본적인 의미다. 지혜로운 자도 세상의 '억압'에 굴종하는 모습을 말한다. 그 억압이 '힘'일 수도 있고 하반절의 '뇌물'일 수도 있다. 그래서 탐욕으로 의역한 것이다. 지혜로운 사람이었는데 세상의 억압(힘과 돈과 명예 등)에 굴복하는 경우를 본다. 매우 실망하게 된다. 신학교 교수들이 정치에 굴종하는 모습에 실망한다. 그러나 그것이 어쩌면 더 깊은 현실이다.

7:9 급한 마음으로 노를 발하지 말라. 급한 마음이 얼마나 어리석은지 우리는 삶의 경험을 통해 잘 안다. 그러기에 지혜를 찾을 때도 급한 마음을 먹지 말아야 한다. 급한 마음은 자신 안에서 나오는 마음이다.

7:10 옛날이 오늘보다 나은 것이 어찜이냐. 매우 어리석은 말이다. 특히 개인에게 있어서는 더욱더 그러하다. 계속 성숙해야 한다. 과거가 더 낫다면 그동안 살아온 날을 헛 산 것이다. 지혜를 배우지 않은 것이다.

7:11 지혜는 유산. 지혜는 자신에게 남는 유산이다. '해'가 꼭 필요하듯이 지혜는 매우 필요하고 좋은 것이다.

7:12 지혜의 그늘. 돈이 사람을 보호한다. 그것이 현실이다. 지혜 또한 그를 보호한다. 가벼운 보호가 아니라 생명을 살리는 중요한 보호를 한다.

7:13 하나님께서 행하시는 일을 보라. 사람들에게 종종 '현실을 보세요'라는 말을 많이 듣는다. 그러면 나는 '진짜 현실을 보세요'라고 말해주고 싶다. 그들이 말하는 현실은 '하나님 없는 현실'이다. 나는 '하나님이 통치하시는 현실'을 말해주고 싶다. 세상의 지혜는 한계가 있지만 하나님께서 말씀하시는 지혜는 무한한 지혜다. 세상의 지혜는 무엇이 선한 것인지를 어리석은 자보다 조금 더 잘 보게 해 준다. 그러나 한계가 있다. 우리를 실망시킨다. 그러나 하나님의 지혜(뜻)는 우리에게 무엇이 선한지를 아주 분명하게 알려준다. 그리고 그것은 영원하다. 하나님은 우리를 결코 실망시키지 않으신다. 영원토록 결코 바뀌지 않는다.

7:14 형통한 날에는 기뻐하고 곤고한 날에는 되돌아 보아라. 무엇이 선한 일인지 급한 마음으로 판단하지 말고 '형통' 중에도 '곤고한 날'에도 조용히 하나님 앞에 엎드려야 한다. 겸손히 엎드리고 실제 경험 속에서 하나님의 뜻을 살피면서 살아야 한다. 그것이 하나님께서 우리에게 주신 현실을 살피는 것이다. 모든 현실 속에 담긴 하나님의 뜻을 살핌으로 더 깊은 현실을 살아가는 것이다.

전도자가 현실을 탐구하는 것을 보았다. 가장 분명한 현실로서 죽음을 생각하고 조금이라도 더 나은 지혜를 따라 살아야 하는 현실을 말한다. 그런데 그것보다 더 깊은 현실로서 하나님께서 행하시는 일, 하나님의 뜻을 생각하고 보는 것이 중요함을 말한다. 하나님의 뜻으로 주어진 현실을 기뻐하고 뒤돌아보며 그렇게 사는 것이 진짜 현실을 사는 모습이다. 진짜 현실을 살아가는 신앙인이 되어야 한다.

전도서 7:15-29

15 내 허무한 날을 사는 동안 내가 그 모든 일을 살펴 보았더니 자기의 의로움에
　　도 불구하고 멸망하는 의인이 있고 자기의 악행에도 불구하고 장수하는 악인
　　이 있으니

　　My life has been useless, but in it I have seen everything. Some good people
　　may die while others live on, even though they are evil.

16 지나치게 의인이 되지도 말며 지나치게 지혜자도 되지 말라 어찌하여 스스로
　　패망하게 하겠느냐

　　So don't be too good or too wise—why kill yourself?

17 지나치게 악인이 되지도 말며 지나치게 우매한 자도 되지 말라 어찌하여 기
　　한 전에 죽으려고 하느냐

　　But don't be too wicked or too foolish, either—why die before you have to?

18 너는 이것도 잡으며 저것에서도 네 손을 놓지 아니하는 것이 좋으니 하나님
　　을 경외하는 자는 이 모든 일에서 벗어날 것임이니라

　　Avoid both extremes. If you have reverence for God, you will be successful
　　anyway.

19 지혜가 지혜자를 성읍 가운데에 있는 열 명의 권력자들보다 더 능력이 있게
　　하느니라

　　Wisdom does more for a person than ten rulers can do for a city.

20 선을 행하고 전혀 죄를 범하지 아니하는 의인은 세상에 없기 때문이로다

　　There is no one on earth who does what is right all the time and never
　　makes a mistake.

21 또한 사람들이 하는 모든 말에 네 마음을 두지 말라 그리하면 네 종이 너를
　　저주하는 것을 듣지 아니하리라

　　Don't pay attention to everything people say—you may hear your servant
　　insulting you,

22 너도 가끔 사람을 저주하였다는 것을 네 마음도 알고 있느니라

　　and you know yourself that you have insulted other people many times.

〈전도서 7:15-29 은 인생의 의미를 '자기 마음'에서 찾는 것에 대한 이야기다. 인생의 의미를 찾아 탐구하는 전도자와 함께 여행을 하고 있다. 전도자는 인생의 의미를 찾는 사람 자신 안을 탐구한다.〉

7:15 자기의 의로움에도...멸망하는 의인이 있고 자기의 악행에도...장수하는 악인이 있으니. 분명히 의롭게 산 것 같다. 그런데 '의' 안에서 멸망하는 사람이 있음을 말한다. 이 멸망은 단순히 일찍 죽는 것이나 고통을 당한다는 의미가 아니다. 말 그대로 멸망이다. '의' 안에 있으면 생명을 얻어야 하는데 왜 멸망한 것일까? 너무 이상한 일이다.

7:16 지나치게 의인이 되지도 말며. '지나치게 의인이 되는 것'은 '말씀을 아주 잘 지키는 사람'을 말하는 것이 아니다. '적당히 지키라'고 말하는 것도 아니다. 이것은 지나친 자기 과신을 말한다. 패망에 이르게 하는 과신이다.

7:17 지나치게 악인이 되지도 말며. 지나치게 악을 행한다는 것은 악을 행하면서도 자기 과신이 있기 때문에 그렇게 하는 것을 말한다.

7:18 하나님을 경외하는 자는 이 모든 일에서 벗어날 것임이니라. 하나님을 경외하는 사람은 자기 자신을 과신하지 않는다. 오직 하나님을 경외하여 하나님 앞에 겸손히 엎드릴 뿐이다. 피조물인 우리는 창조주 앞에서 겸손을 가져야 한다.

7:20 죄를 범하지 아니하는 의인은 세상에 없기 때문이로다. 자기 자신을 과신하지 않으며 다른 사람을 향해서도 과신하지 말아야 한다. 매우 지혜로운 사람도 어리석을 때가 있으며 매우 신앙이 좋은 사람도 악을 행할 때가 있다. 그 러기에 누구도 과신하지 말아야 한다.

23 내가 이 모든 것을 지혜로 시험하며 스스로 이르기를 내가 지혜자가 되리라 하였으나 지혜가 나를 멀리 하였도다

I used my wisdom to test all of this. I was determined to be wise, but it was beyond me.

24 이미 있는 것은 멀고 또 깊고 깊도다 누가 능히 통달하랴

How can anyone discover what life means? It is too deep for us, too hard to understand.

25 내가 돌이켜 전심으로 지혜와 명철을 살피고 연구하여 악한 것이 얼마나 어리석은 것이요 어리석은 것이 얼마나 미친 것인 줄을 알고자 하였더니

But I devoted myself to knowledge and study; I was determined to find wisdom and the answers to my questions, and to learn how wicked and foolish stupidity is.

26 마음은 올무와 그물 같고 손은 포승 같은 여인은 사망보다 더 쓰다는 사실을 내가 알아내었도다 그러므로 하나님을 기쁘게 하는 자는 그 여인을 피하려니와 죄인은 그 여인에게 붙잡히리로다

I found something more bitter than death—the woman who is like a trap. The love she offers you will catch you like a net; and her arms round you will hold you like a chain. A man who pleases God can get away, but she will catch the sinner.

27 전도자가 이르되 보라 내가 낱낱이 살펴 그 이치를 연구하여 이것을 깨달았노라

Yes, said the Philosopher, I found this out little by little while I was looking for answers.

28 내 마음이 계속 찾아 보았으나 아직도 찾지 못한 것이 이것이라 천 사람 가운데서 한 사람을 내가 찾았으나 이 모든 사람들 중에서 여자는 한 사람도 찾지 못하였느니라

I have looked for other answers but have found none. I found one man in a thousand that I could respect, but not one woman.

29 내가 깨달은 것은 오직 이것이라 곧 하나님은 사람을 정직하게 지으셨으나 사람이 많은 꾀들을 낸 것이니라

This is all that I have learnt: God made us plain and simple, but we have made ourselves very complicated.

7:21 사람들이 하는 모든 말에 네 마음을 두지 말라. 사람들의 말이 맞든 틀리든 그것에 너무 과도하게 마음을 쓰지 말아야 한다. **네 종이 너를 저주하는 것을 듣지 아니하리라.** 나의 종이라 할지라도 내가 없는 곳에서는 내 욕을 할 수 있다. 그러한 것에 마음을 쓰면 그 욕이 상처가 될 것이다. 그러나 신경을 쓰지 않으면 욕이 상처가 되지 않고 저주가 되지 않을 것이다.

사람은 어느 누구도 과신하지 말아야 한다. 자기 자신도 그렇게 과신하지 말아야 한다. 사람은 연약하여 그렇게 미칠 때가 있다. 감히 종이 주인을 욕하고 저주하듯 전혀 그러지 말아야 할 사람이 나에 대해 험담을 늘어놓고 다닐 수 있다. 나도 연약하고 그 사람도 연약하니 그냥 흘려들어야 한다. 자기 자신이나 사람을 과신하지 말고 오직 하나님을 경외해야 한다. 자기의 지혜나 의가 아니라 오직 하나님을 두려워하는 마음으로 하나님의 뜻을 생각하고 또 생각하면서 좋아가야 한다.

7:23 내가 지혜자가 되리라 하였으나 지혜가 나를 멀리 하였도다. 지혜를 찾고 또 찾으나 지혜는 멀고 묘연한 일이 되었음을 말하고 있다. 그러나 그러한 그가 두 가지를 알게 되었다. 아주 큰 깨달음이다.

7:26 마음은 올무와 그물 같고 손은 포승 같은 여인은 사망보다 더 쓰다는 사실을 내가 알아내었도다. 유혹하는 여인의 마음은 '올무'와 같다. 신경 써 주고 세심하고 따스한 마음 같지만 사실은 그것이 올무다. 꼼짝달싹하지 못하게 한다. **손은 포승 같은 여인.** 손은 섬세하고 부드럽다. 손을 한 번만 만지면 좋을 것 같다. 그러나 사실 가장 튼튼한 쇠사슬이 되어 다시는 놓지 못하게 된다. **사망보다 더 쓰다는 사실을 내가 알아내었도다.** 전도자는 그렇게 유혹하는 여인에게 걸려들었을 때 사망보다 더 쓴 경험을 하게 된다는 것을 알게 되었다고 말한다. 유혹하는 여인을 피할 수 있는 길에 대해서도 말합니다. **하나님을 기쁘게 하는 자는 그 여인을 피하려니와.** 자신을 기쁘

게 하는 것을 좋아하는 사람은 여인의 유혹을 결코 피할 수 없다. 여인의 유혹은 무엇보다 달콤하여 내 마음이 그것을 원하기 때문이다. 그러나 하나님을 기쁘게 하는 것을 더 중요하게 여기는 사람은 잘못된 관계의 유혹을 피할 수 있을 것이다.

7:28 전도자가 깨달은 또 하나에 대해 말한다. **찾지 못한 것이 이것이라.** 그가 찾지 못하였다는 것을 깨달았다. **천 사람 가운데서 한 사람을 내가 찾았으나.** '악한 것이 어리석은 것'임을 아는 사람 그래서 아름다운 여인이 유혹하여도 넘어지지 않을 사람은 천 명중에 한 명 정도 된다고 말한다. **이 모든 사람들 중에서 여자는 한 사람도 찾지 못하였느니라.** '여자'는 상징적으로 사용한 것으로 보인다. 잠언에서도 지혜를 여인으로 비유할 때가 많다. 악한 것이 어리석은 것임을 아는 사람이 천 명중에 한 명 정도 있으나 그 중에서 진짜 참 지혜를 가지고 있어 악한 것을 싫어하고 선한 것을 좋아하는 참 지혜를 가진 사람은 어떤 사람도 없다는 의미다. 그러기에 사람은 아무리 지혜가 있는 상위 0.1%의 사람이라 할지라도 자신의 감정에 따라 행동하면 안 된다. 오직 하나님께서 기뻐하시는 것이 무엇인지를 생각하면서 선택해야 한다.

7:29 **하나님은 사람을 정직하게 지으셨으나 사람이 많은 꾀들을 낸 것이니라.** 하나님께서 사람을 정직하게(옳은 사람)으로 창조하셨다. 그러나 타락 이후 사람은 '많은 꾀'를 만들어 냈다. 자신이 기뻐하는 것을 합리화하는 꾀가 많다. 그러기에 자신이 좋아하는 것이 있으면 더 경계해야 한다. 자신의 합리화인지 진짜 좋은 것이라서 좋아하는지를 생각해야 한다. 늘 자신이 기뻐하는 것보다 하나님께서 기뻐하시는 것을 먼저 생각해야 한다.

전도자가 사람 안의 마음을 탐구하는 것을 보았다. 사람들은 자신들의 마음의 소리에 매여 종이 되는 경우가 많다. 세상에서 제일 믿지 못할 것 중에 하나가 사람의 마음이다. 사람은 의를 말하면서도 악을 행하는 경향이 매우 강하다. 그래서 과신하지 말아야 한다. 안다고 생각하기 보다는 하나님을 경외하는 마음으로 엎드려야 한다는 것을 보았다. 오직 하나님을 경외하는 마음을 가져야 한다.

하나님께서 기뻐하시는 것을 기뻐하는 마음을 갖도록 노력해야 한다. 자신이 기뻐하는 것이 아니라 하나님께서 기뻐하시는 것을 먼저 생각해야 합니다. 사람은 결코 홀로 선 지혜를 가질 수 없다.

인생의 목적을 자신의 마음을 따라가며 채우는 것으로 세운다면 결국 멸망하게 될 것이다. 오직 하나님을 경외하고 하나님께서 기뻐하시는 삶을 살고자 할 때 인생은 가치 있는 인생이 된다.

1 누가 지혜자와 같으며 누가 사물의 이치를 아는 자이냐 사람의 지혜는 그의 얼굴에 광채가 나게 하나니 그의 얼굴의 사나운 것이 변하느니라

Only the wise know what things really mean. Wisdom makes them smile and makes their frowns disappear.

2 내가 권하노라 왕의 명령을 지키라 이미 하나님을 가리켜 맹세하였음이니라

Obey the King Do what the king says, and don't make any rash promises to God.

3 왕 앞에서 물러가기를 급하게 하지 말며 악한 것을 일삼지 말라 왕은 자기가 하고자 하는 것을 다 행함이니라

The king can do anything he likes, so depart from his presence; don't stay in such a dangerous place.

4 왕의 말은 권능이 있나니 누가 그에게 이르기를 왕께서 무엇을 하시나이까 할 수 있으랴

The king acts with authority, and no one can challenge what he does.

5 명령을 지키는 자는 불행을 알지 못하리라 지혜자의 마음은 때와 판단을 분변하나니

As long as you obey his commands, you are safe, and a wise person knows how and when to do it.

6 무슨 일에든지 때와 판단이 있으므로 사람에게 임하는 화가 심함이니라

There is a right time and a right way to do everything, but we know so little!

7 사람이 장래 일을 알지 못하나니 장래 일을 가르칠 자가 누구이랴

None of us knows what is going to happen, and there is no one to tell us.

8 바람을 주장하여 바람을 움직이게 할 사람도 없고 죽는 날을 주장할 사람도 없으며 전쟁할 때를 모면할 사람도 없으니 악이 그의 주민들을 건져낼 수는 없느니라

No one can keep from dying or put off the day of death. That is a battle we cannot escape; we cannot cheat our way out.

8장

〈전도서 8:1-8은 '통치자에 대한 탐구'를 통해 인생의 의미를 탐구한 이야기다. 이 단락은 본문의 시작(1절)과 마지막(8절)이 주제를 잘 말해준다. 왕의 이야기는 주제를 말하기 위한 재료다.〉

8:1 누가 사물의 이치를 아는 자이냐. 참된 지혜자는 사물의 이치를 아는 사람이다. 사물에 대해 바른 이해와 해석을 할 줄 아는 사람이다. 그래야 인생을 가치 있게 살 수 있다. 특별히 '왕의 통치'에 대한 바른 이해가 필요함을 말한다. **지혜는...얼굴의 사나운 것이 변하느니라.** 지혜가 없으면 왕의 힘에 눌린다. 그래서 '얼굴에 사나운 것' 곧 얼굴에 힘이 잔뜩 들어가 있다. 힘에 눌린 굳어 있는 얼굴이다. 왕의 힘 앞에서 자신이 어떤 것을 한들 대항할 수 없기 때문에 그렇게 눌린 얼굴을 가지고 있다. 그러나 하나님으로부터 오는 지혜를 가진 사람은 '얼굴에 광채'가 난다. 왕의 힘에 눌리지 않고 하나님의 은혜로 자유를 가지고 있다.

8:2 왕의 명령을 지키라. 왕의 명령을 순종하는 것은 하나님의 통치에 순종하는 것이기도 하다. 기독교 국가는 왕의 대관식 때 모든 사람들이 순종을 맹세한다. 기독교 국가가 아니라 하여도 하나님으로부터 온 권위로 인정하여 왕에게 순종하는 것이 맞다.

8:3 왕 앞에서 물러가기를 급하게 하지 말며. 왕의 명령을 신중하게 생각해야 한다. 급하게 함부로 반대하지 않도록 해야 한다. 왕이 가진 힘은 대단하다.
왕의 명령과 힘에 복종해야 한다. 그러나 그것에 매인 자가 되어서는 안 된다. 그것에 매인자가 되기 때문에 양극단의 행동을 한다. 어떤 사람들은 그것에 복종하며 힘들어하고 때로는 그것에 반대하여 화를 자초한다. 그러나 왕의 권위에 복종하는 것은 '하늘 아래 뫼'로서 순종하는 것임을 알아야 한다. 그것이 참 지혜다. 신앙인에게 왕은 그렇게 대단한 존재가 아니다. 단지 하나님의 권위를 받아 임시적으로 통치하는 사람에 불과하다. 사람이 위대한 것이 아니다. 우리가 왕이 되어야 하는 것이 아니다. 왕이 되는 것이 인생의 목적이 될 필요가 전혀 없다.

우리가 왕의 명령에 순종한다 하여 왕에게 매인 자로 살아야 한다는 것은 아니다. 왕에게 눌린 굳은 얼굴이 아니라 하나님의 은혜를 받은 밝은 얼굴로 살아야 한다.

8:5 때와 판단을 분변하나니. 왕의 명령을 순종하면서도 자유할 수 있는 길은 '때와 판단에 대한 분변'이다. '판단'(미쉬파트)은 다른 곳에서는 '정의'로 해석하는 단어다. '정의'는 '의+판단'이다. '의'가 있다. 의가 이 땅에 이루어지기 위해서는 바른 판단이 필요하다. 재판하는 곳이 그렇다. 법을 가지고 판단한다. 같은 법이지만 판단할 때는 다양함이 있다. 때가 있다. 왕이 무엇인가를 말할 때 그 때는 그가 왕으로 있는 때다. 그의 때다. 그래서 왠만하면 그의 생각과 판단을 존중해야 한다. 따라주어야 한다. '판단'을 잘 해야 한다. 왕의 명령에 순종하는 것은 그가 가치가 높은 사람이기 때문이 아니다. 그가 대단한 사람이기 때문도 아니다. 하나님 앞에 가면 다 같은 사람일 뿐이다. 하나님 앞에서는 각자의 역할을 얼마나 잘 하였는지로 판단받는다. 그러기에 왕의 명령이 나에게 너무 중요한 자리를 차지하지 않게 해야 한다. 나는 하나님 앞에서 나의 해아 할 일을 생각해야 한다.

8:6 무슨 일에든지 때와 판단이 있으므로. 아무리 옳은 일이라 하여도 때가 있다. 잘 판단해서 때와 상황에 맞을 때 진행해야 한다. '때'는 왕이 그것을 받아들일 때 일 수도 있다. 그러기에 왕이 그것을 받아들이지 않는다고 원망할 필요가 없다. 거절에 대해서도 자유할 수 있어야 한다. **사람에게 임하는 화가 심함이니라.** 때와 판단을 기다리는 것은 때로는 많은 '어려움(화)'이 있을 수 있다. 사람들의 어리석음이 사회를 망가트린다. 왕의 어리석음은 더 많은 사람을 망가트린다. 그러나 그것에 대

해 참아야 한다. 그것이 통치에 자유한 모습이다. 그것에 자유하지 못하면 그것에 매인자가 되어 나 자신이 노예가 될 것이다. 왕의 통치는 작게는 회사 사장의 경영일 수 있고 교회 담임목사의 목회 철학 일 수도 있다. 그러한 것이 잘못되었다고 생각될 때 많은 분노와 화가 생긴다. 그러나 그것을 참을 수 있어야 한다. 그것은 그들의 일이고 나의 일은 때와 판단이 있음으로 기다리는 것이다. 아니면 내가 떠나는 것이다. 대신 심사숙고하고(3절) 떠나야 한다.

8:7 사람이 장래 일을 알지 못하나니. 우리는 참 많이 모른다. 장래 일을 모를 뿐만 아니라 지금 판단하고 있는 그 일에 대해서도 정확히는 모른다. 왕이 알고 있는 정보와 내가 알고 있는 정보가 다르다. 왕이 틀릴 수 있고 내가 틀릴 수도 있다. 그러기에 우리는 서로의 '무지'를 인정하는 것이 필요하다. 우리는 결국 '하늘 아래 산'일 뿐이다.

8:8 바람을 움직에게 할 사람도 없고. 왕을 움직이려고 분노하고 이리저리 해보기도 하지만 왕은 결국 '바람'과 같다. 내가 어떻게 한다고 내 마음대로 움직이지는 않는다. **죽는 날을 주장할 사람도 없으며.** '죽는 날'은 자기 자신에게 가장 중요한 날이다. 그런데 그 날조차도 모르고 자기 뜻대로 되지 않는다. 우리는 진짜 많은 부분에서 '무지'하고 '무능'하다. 무지와 무능을 알아야 조금 더 자유할 수 있다.

통치자는 사람들에게 절대 영향을 미칠 수 있다. 힘이 매우 크다. 그러나 우리는 그것에 매인 자가 되지 말아야 한다. 회사 사장, 선생, 상사 등의 권위는 존중되어야 한다. 그러나 '매인 자'로서가 아니라 '자유한 자'로서 존중해야 한다. 매인 자가 되면 극단적으로 노예가 되거나 반대자가 될 것이다.
사실 누구도 진짜 아는 자는 없다. 모든 사람이 무지하며 무능하다. 이것을 알 때 우리는 세상의 권위에 매이지 않고 자유할 수 있다. 윗 사람에게 매인 자가 되지 않고 자유할 수 있다. 세상이 우리를 속여도, 윗 사람이 나를 짜증나게 하여도 찡그리고 굳은 얼굴로 살지 마라. 그것은 세상의 종이 되는 길이다. 하늘을 보지 못하고 산만 보고 있는 것이다. 하늘을 보라. 하늘 아래 산이다. 하나님이 비추시는 은혜의 빛을 받아 밝은 얼굴로 살라.

9 내가 이 모든 것들을 보고 해 아래에서 행하는 모든 일을 마음에 두고 살핀즉 사람이 사람을 주장하여 해롭게 하는 때가 있도다

The Wicked and the Righteous I saw all this when I thought about the things that are done in this world, a world where some people have power and others have to suffer under them.

10 그런 후에 내가 본즉 악인들은 장사지낸 바 되어 거룩한 곳을 떠나 그들이 그렇게 행한 성읍 안에서 잊어버린 바 되었으니 이것도 헛되도다

Yes, I have seen the wicked buried and in their graves, but on the way back from the cemetery people praise them in the very city where they did their evil. It is useless.

11 악한 일에 관한 징벌이 속히 실행되지 아니하므로 인생들이 악을 행하는 데에 마음이 담대하도다

Why do people commit crimes so readily? Because crime is not punished quickly enough.

12 죄인은 백 번이나 악을 행하고도 장수하거니와 또한 내가 아노니 하나님을 경외하여 그를 경외하는 자들은 잘 될 것이요

A sinner may commit a hundred crimes and still live. Oh yes, I know what they say: "If you obey God, everything will be all right,

13 악인은 잘 되지 못하며 장수하지 못하고 그 날이 그림자와 같으리니 이는 하나님을 경외하지 아니함이니라

but it will not go well for the wicked. Their life is like a shadow and they will die young, because they do not obey God."

14 세상에서 행해지는 헛된 일이 있나니 곧 악인들의 행위에 따라 벌을 받는 의인들도 있고 의인들의 행위에 따라 상을 받는 악인들도 있다는 것이라 내가 이르노니 이것도 헛되도다

But this is nonsense. Look at what happens in the world: sometimes the righteous get the punishment of the wicked, and the wicked get the reward of the righteous. I say it is useless.

〈전도서 8:9-17은 '하나님의 통치'에 대한 이야기다. 세상 왕의 통치는 불안전하다. 그러나 우리는 궁극적인 하나님의 통치와 심판이 있음을 믿는다. 그런데 어떤 사람의 눈에는 하나님의 통치조차도 불의하게 보일 수 있다.〉

8:10 악인들은 장사지낸 바 되어...잊어버린 바 되었으니. 악인들이 이 세상에서 악을 행하였으나 악에 따라 심판을 받지 않고 죽음에 이르렀다. 그런데 죽음 이후에도 편안히 장사가 치루어졌다. 사람들은 고인을 능멸하면 안 된다 생각하여 좋은 말을 해준다. 결국 악인이 이 땅에서 행한 악한 행위들은 완전히 잊혀진다. 악인이 그렇게 끝까지 악행에 대해 심판받지 않는 것은 참으로 나쁜 것이고 인생의 수수께끼다.

8:11 악한 일에 관한 징벌이 속히 실행되지 아니하므로. 악을 행하면 세상 통치자가 징벌을 주어야 한다. 그런데 세상 통치자가 징벌을 주지 않을 때가 있다. 그러면 천벌이라도 빨리 받아야 한다. 그런데 천벌도 받지 않는다. **악을 행하는 데에 마음이 담대하도다.** 악인이 천벌을 받지 않으니 사람들이 악을 행하여 이익을 얻는 것을 더 선택한다. 심판이 없으니 반칙을 행하는 것이 당연하다. 축구 경기에서 심판이 보고 있고 수많은 관중이 보고 있어도 이기고 싶어 파울을 범한다. 그런데 심판이 없으면 얼마나 파울을 더 범하겠는가? 악을 행하여도 어떤 불이익도 없고 오직 이익만 있으니 사람들의 마음은 악을 행하는데 더욱더 담대한 마음을 갖게 된다. 그래서 악이 막연하다.

8:12 악을 행하고도 장수하거니와...그를 경외하는 자들은 잘 될 것이요. 악을 행하고도 장수하는 사람이 있다. 그러나 하나님을 경외하는 자들은 장수가 아니라 '잘 될 것(토브)'을 말한다. 하나님께서 보기에 '좋은 것'이다. 장수한다고 하나님께서 기뻐하시는 것이 아니다. 오직 영원한 통치자이신 하나님께서 기뻐하시는 삶이 잘 사는 것이다. 사실 악을 행하는 사람이 장수하든 단명하든 그것은 중요하지 않다.

15 이에 내가 희락을 찬양하노니 이는 사람이 먹고 마시고 즐거워하는 것보다 더 나은 것이 해 아래에는 없음이라 하나님이 사람을 해 아래에서 살게 하신 날 동안 수고하는 일 중에 그러한 일이 그와 함께 있을 것이니라

So I am convinced that we should enjoy ourselves, because the only pleasure we have in this life is eating and drinking and enjoying ourselves. We can at least do this as we labour during the life that God has given us in this world.

16 내가 마음을 다하여 지혜를 알고자 하며 세상에서 행해지는 일을 보았는데 밤낮으로 자지 못하는 자도 있도다

Whenever I tried to become wise and learn what goes on in the world, I realized that you could stay awake night and day

17 또 내가 하나님의 모든 행사를 살펴 보니 해 아래에서 행해지는 일을 사람이 능히 알아낼 수 없도다 사람이 아무리 애써 알아보려고 할지라도 능히 알지 못하나니 비록 지혜자가 아노라 할지라도 능히 알아내지 못하리로다

and never be able to understand what God is doing. However hard you try, you will never find out. The wise may claim to know, but they don't.

사람들은 '복 받았네'라고 말할지 모른다. 그러나 하나님의 나라 관점에서는 그렇지 않다. 영원한 나라의 관점에서 보면 몇 십년 더 살았다고 '잘된 것'은 아니다. 사실 전혀 상관이 없다. 영원한 하나님 나라는 이 땅에서 장수하였다고 가는 것이 아니다. 하나님을 경외하여 '잘 되었다'고 평가받는 사람만 간다. 영원한 하나님 나라에 들어가는 사람은 이 땅에서 장수하였든 단명하였든 전혀 중요하지 않다.

8:13 악인은 잘 되지 못하며. 악인은 결코 잘 될 수 없다. 의로우신 하나님께서 통치하시고 심판하시기 때문이다. **장수하지 못하고 그 날이 그림자와 같으리니.** 앞에서 악인이 '장수한다'와 상반되는 것 같다. 그것은 앞에서는 사람들이 보기에 장수한 것이고 여기에서는 인생의 날이 영원의 날에 비해 장수하지 않기 때문에 하는 말이다. 악인은 영원한 날에서도 부활하여 살겠지만 그것은 '부활'이라 말하지 않고 '산다'고 말하지도 않는다. 지옥에서의 삶이기 때문이다. 그래서 그는 결코 장수하지 못한다. 이 땅에서의 그림자 같은 삶이 길어보았자 얼마나 길다고 장수한다고 말할 수 있겠는가? 심판이 지연되었다고 심판이 없는 것이 아니다. 이 세상에서의 삶이 전부가 아니다. 이 땅에서의 삶을 보고 멋대로 판단하면 안 된다.

8:14 악인들의 행위에 따라 벌을 받는 의인들도 있고 의인들의 행위에 따라 상을 받는 악인들도 있다. 참으로 수수께끼다. 그러나 전도자는 그것이 사람들이 보기에 수수께끼이지만 하나님께서 보시기에는 결코 그렇지 않음을 알았다. 그것은 '세상에서 행해지는 일'이다. 통치자는 세상이 아니라 하나님이다. 모든 통치는 지금 이 세상이 아니라 주님이 재림하실 때 드러날 것이다. 그래서 세상에서 일어나는 조금 이해되지 않는 일에 대해 하나님을 신뢰해야 한다. 하나님께서 모든 것을 바로잡으실 것이다.

8:15 내가 희락을 찬양하노니 이는 사람이 먹고 마시고 즐거워하는 것보다 더 나은 것이

해 아래에는 없음이라. 이 땅을 살아가는 신앙인에게 필요한 것이 무엇일까요? 세상을 통치하시는 하나님을 신뢰하는 것이다. 하나님의 선하심을 신뢰하는 것이다. 전도자는 하나님을 신뢰함으로 이 땅에서 '즐거워하는 삶'을 추천한다. 하나님께서 통치자이다. 그러니 하나님의 통치 아래에서 즐기는 것이 필요하다. 눈이 오면 해가 뜨지 않는다고 말할 것이 아니라 눈이 오는 것을 즐기고, 더우면 덥다고 투덜거릴 것이 아니라 해수욕을 즐겨야 한다. 온 몸을 세상의 죄에 노출시킬 것이 아니라 하나님의 은혜에 노출시켜 은혜를 즐기는 사람이 되어야 한다. 하나님의 선하신 통치를 믿기 때문이다.

8:17 해 아래에서 행해지는 일을 사람이 능히 알아낼 수 없도다. 세상에는 이해할 수 없는 수많은 일이 일어난다. 그러나 분명한 것은 하나님께서 세상을 통치하고 계시며 모든 것을 공평하고 정의롭게 심판하실 것이라는 사실이다. 우리는 장래에 어떤 일이 일어날지 새 하늘과 새 땅에서 어떤 일이 일어날지를 전혀 모른다. 모르지만 분명한 것은 하나님께서 말씀하신 진리다. 진리를 따라 살아가야 한다는 것을 압니다. 그러기에 자신의 책무를 따라 진리에 따라 살아가면 된다. 모르는 미래 일에 대해서는 멋대로 생각할 것이 아니라 신뢰함으로 생각해야 한다. 모르는 것에 대해 하나님을 신뢰하라. 하나님의 통치를 신뢰하지 않으면 세상에서 일어나는 악한 일 때문에 마음을 빼앗기기 쉽다. 악한 일의 성공 때문에 인생의 가치를 잃어버리기 쉽다. 그러나 하나님을 신뢰하면 무엇이 인생을 가치 있게 하는 지를 알 수 있고 지킬 수 있다.

하나님의 통치가 있다. 하나님의 통치를 모르면 세상에서 가치를 찾는 일은 불가능하다. 의미 있는 일이 아니라 살아남는 방식을 선택할 것이다. 인생의 수수께끼는 뒤죽박죽이 되고 헛된 것이 될 것이다. 하나님의 통치를 아는 사람에게는 인생의 수수께끼가 신비가 된다. 하나님께서 그 분의 선하신 뜻을 이루어 가시는 신비를 받아들이고 끝까지 진리를 지키는 사람이 된다. 하나님이 통치하신다. 세상에 어떤 일이 일어나도 흔들리지 말고 오직 진리를 따라 사는 삶이 되어야 한다.

1 이 모든 것을 내가 마음에 두고 이 모든 것을 살펴 본즉 의인들이나 지혜자들이나 그들의 행위나 모두 다 하나님의 손 안에 있으니 사랑을 받을는지 미움을 받을는지 사람이 알지 못하는 것은 모두 그들의 미래의 일들임이니라

I thought long and hard about all this and saw that God controls the actions of wise and righteous people, even their love and their hate. No one knows anything about what lies ahead.

2 모든 사람에게 임하는 그 모든 것이 일반이라 의인과 악인, 선한 자와 깨끗한 자와 깨끗하지 아니한 자, 제사를 드리는 자와 제사를 드리지 아니하는 자에게 일어나는 일들이 모두 일반이니 선인과 죄인, 맹세하는 자와 맹세하기를 무서워하는 자가 일반이로다

It makes no difference. The same fate comes to the righteous and the wicked, to the good and the bad, to those who are religious and those who are not, to those who offer sacrifices and those who do not. A good person is no better off than a sinner; one who takes an oath is no better off than one who does not.

3 모든 사람의 결국은 일반이라 이것은 해 아래에서 행해지는 모든 일 중의 악한 것이니 곧 인생의 마음에는 악이 가득하여 그들의 평생에 미친 마음을 품고 있다가 후에는 죽은 자들에게로 돌아가는 것이라

One fate comes to all alike, and this is as wrong as anything that happens in this world. As long as people live, their minds are full of evil and madness, and suddenly they die.

4 모든 산 자들 중에 들어 있는 자에게는 누구나 소망이 있음은 산 개가 죽은 사자보다 낫기 때문이니라

But anyone who is alive in the world of the living has some hope; a live dog is better off than a dead lion.

9장

〈전도서 9:1-10에서 전도자는 '평범하게 산다는 것'이 무슨 의미를 가지는지를 생각한다. 이 땅에서 살아간다는 것은 중요하다. 그런데 사람들이 보기에는 그렇지 않을 수 있다.〉

9:1 의인들이나 지혜자들이나 그들의 행위나 모두 다 하나님의 손 안에 있으니 사랑을 받을는지 미움을 받을는지 사람이 알지 못하는 것. 사람이 이 땅에서 살면서 많은 행동을 한다. 그렇게 살고 마친다. 누가 잘 살았는지 못 살았는지를 사람이 판단하지 않는다. 그냥 그렇게 끝난다. 오직 '하나님의 손 안에' 있다. 하나님의 손에 있다는 것은 더욱더 정확한 심판이 있다는 것을 의미한다. 그런데 사람들이 자기들의 손 안에 있지 않다하여 판단하지 않고 그냥 사는 경향이 있다. **미래의 일들임이니라.** 오늘 하루를 살았을 때 사람들의 삶을 점수매기지 않는다. 그러나 사실 모두 점수가 매겨지고 있다. 점수가 미래에 밝혀진다. 재림하셔서 심판하실 때의 일이다. 사람들은 그렇게 먼 미래의 일에 대해 별로 신경쓰지 않는다. 가장 현실적인 미래이고 가장 중요한 미래의 일이다. 미래를 생각하지 않는 사람들이 보기에는 세상살이가 다 같아 보인다.

9:2 의인과 악인...제사를 드리는 자와 제사를 드리지 아니하는 자에게 일어나는 일들이 모두 일반이니. 의인이라고 죽지 않는 것이 아니고 악인이라고 일찍 죽는 것이 아니다. 악인이라고 사람들이 죽고 나서 더 손가락질하는 것도 아니다. 그러다 보니 사람들은 이 땅에서 살아가는 인생의 차이를 느끼지 못할 때가 많다.

9:3 결국은 일반이라. 착하게 살면 힘들다. 자기 한 몸만을 위해 이기적으로 살면 더 편하다. 걸리지만 않으면 죄를 행하면서 살 때 더 이익을 보는 것 같다. 그런데

5 산 자들은 죽을 줄을 알되 죽은 자들은 아무것도 모르며 그들이 다시는 상을 받지 못하는 것은 그들의 이름이 잊어버린 바 됨이니라

Yes, the living know they are going to die, but the dead know nothing. They have no further reward; they are completely forgotten.

6 그들의 사랑과 미움과 시기도 없어진 지 오래이니 해 아래에서 행하는 모든 일 중에서 그들에게 돌아갈 몫은 영원히 없느니라

Their loves, their hates, their passions, all died with them. They will never again take part in anything that happens in this world.

7 너는 가서 기쁨으로 네 음식물을 먹고 즐거운 마음으로 네 포도주를 마실지어다 이는 하나님이 네가 하는 일들을 벌써 기쁘게 받으셨음이니라

Go ahead—eat your food and be happy; drink your wine and be cheerful. It's all right with God.

8 네 의복을 항상 희게 하며 네 머리에 향 기름을 그치지 아니하도록 할지니라

Always look happy and cheerful.

9 네 헛된 평생의 모든 날 곧 하나님이 해 아래에서 네게 주신 모든 헛된 날에 네가 사랑하는 아내와 함께 즐겁게 살지어다 그것이 네가 평생에 해 아래에서 수고하고 얻은 네 몫이니라

Enjoy life with the woman you love, as long as you live the useless life that God has given you in this world. Enjoy every useless day of it, because that is all you will get for all your trouble.

10 네 손이 일을 얻는 대로 힘을 다하여 할지어다 네가 장차 들어갈 스올에는 일도 없고 계획도 없고 지식도 없고 지혜도 없음이니라

Work hard at whatever you do, because there will be no action, no thought, no knowledge, no wisdom in the world of the dead—and that is where you are going.

결국은 같으니 누가 착하게 살까? **인생의 마음에는 악이 가득하여 그들의 평생에 미친 마음을 품고 있다가.** 악을 행해도 다 같아 보이니 평생 악을 품고 기회만 보면서 산다. 그렇게 인생이 미쳐 돌아간다. 세상이 미쳐 돌아간다.

9:4 산 자들 중에 들어 있는 자에게는 누구나 소망이 있음은. 다 같지 않다. 죽은 자와 산 자가 다르다. 살아 있다는 것은 어떤 행동을 할 수 있다는 것을 의미한다. 그것은 기회다. 기회 있는 자와 그렇지 않은 자는 '산 개가 죽은 사자보다 낫다'고 말할 정도로 큰 차이다. 살아 있다는 것이 죽은 자보다 더 나은 것은 생명이 있다는 것 때문이 아니고 기회가 있다는 것 때문이다. 살아 있을 때 이 땅에서 무엇을 행동하면서 사는가는 매우 중요하다. 영원한 운명을 바꿀 수 있다.

뭉뚱그려 생각해 보면 사람이 산다는 것이 별것 아닌 것 같다. 가까운 사람이 죽음을 맞이하면 사람들은 흔히 '인생 별것 아니구나'라고 말한다. 그들은 사람이 죽어서 모든 것이 끝난 것만 보기 때문이다. 그러나 인생은 별것 아닌 것이 아니다. 인생은 참으로 중요하다. 이 땅에서 살아가는 작은 일상이 중요하다. 유명한 사람만이 아니라 모든 사람의 모든 일상이 중요하다. 그것이 영원한 삶을 결정짓기 때문이다.

9:7 7절-10절까지는 7개의 명령이 나온다. **가서.** 첫번째 명령이다. 인생은 죽음 앞에서 다 같은 것 같지만 삶을 생각하면 다르다. 죽음 앞에서 같아지는 것 같은 모습에 속지 말고 자신에게 주어진 인생을 잘 살아야 한다. **기쁨으로 네 음식물을 먹고.** 우리가 이 땅을 살아갈 때 수 없이 많은 식사를 한다. 그 많은 식사는 모든 사람들이 하고 있는 지극히 평범한 일상이지만 매우 중요한 일상이다. 우리에게 주어진 밥 먹는 일상을 기쁨으로 살아갈 수 있어야 한다. **즐거운 마음으로 네 포도주를 마실지어다.** 음식을 먹고 마실 때 기쁘고 행복하게 먹고 마셔야 한다. 기쁨과 행복을 놓치면 인생의 많은 부분을 놓치고 있는 것이다. 이 땅을 산 모든 사람이 먹고 마셨지만 실

제로 '기쁨과 즐거움으로' 먹고 마신 사람은 그리 많지 않다. **이는 하나님이 네가 하는 일들을 벌써 기쁘게 받으셨음이니라.** '기쁘게 먹고 마시는 것이 우리를 향한 하나님의 기뻐하시는 뜻'이라는 말이다. 늘 먹고 마시는 그 일에 하나님의 뜻을 이루는 사람이 되어야 한다.

9:8 네 의복을 항상 희게 하며. 우리 나라는 '흰 옷을 입으라'하면 장례식을 생각할 수 있다. 그러나 성경의 배경에서는 '잔치'를 의미한다. 그래서 '늘 잔치 옷을 입으라'는 말로 의역할 수 있다. '늘 파티복처럼 예쁜 옷을 입으라'는 말이다. 이것은 은유적인 말이다. 인생을 파티하듯이 예쁘고 행복한 마음으로 살아가라는 말이다. **머리에 향 기름을 그치지 아니하도록 할지니라.** 기름을 바르는 것은 오늘날로 하면 '향수를 뿌리다'는 의미로 의역할 수 있다. 흰 옷을 입고 머리에 기름을 바르는 것은 예쁘고 우아한 파티복의 완성이다. 인생을 그렇게 파티처럼 잔치처럼 살라는 말이다. 잔치가 그치지 말아야 한다. 잔치에 참여하듯이 기쁘고 행복한 마음으로 살아야 한다. 하나님께서 주신 일상이기 때문이다. 어떤 사람은 일상을 지겨워한다. 그러나 하나님의 백성은 일상을 파티로 살아야 한다.

9:9 사랑하는 아내와 함께 즐겁게 살지어다. 대부분의 사람들은 결혼하였다. 배우자와 함께 사는 것은 일상이다. 모든 사람이 배우자가 있으니 즐길 수 있는 것이 아닌 것처럼 생각한다. 그러나 그렇지 않다. 배우자와 함께 더불어 사는 것을 즐겨야 한다. 하나님께서 우리를 사랑하셔서 각 사람에게 맞는 특별한 배우자를 주셨다. 배우자와 함께 즐거운 삶을 살라.

9:10 일을 얻는 대로 힘을 다하여 할지어다. 마지막 7번째 명령이다. 사람들은 저마다 일을 가지고 있다. 사람들이 일하는 것은 지극히 평범한 일상이다. 그러나 그 일상 안에 하나님의 뜻이 있으며 목적이 있다. 그러기에 우리에게 주어진 일을 힘을 다

하여 해야 한다. **네가 장차 들어갈 스올에는 일도 없고 계획도 없고 지식도 없고 지혜도 없음이니라.** 일할 수 있는 기회가 없어지기 전에 이 땅에서 열심히 일해야 한다. 우리에게 주어진 일은 평범하지만 복된 것이다.

전도자는 7개의 명령형을 사용하여 사람들이 해야 하는 일에 대해 말하였다. 그것은 모두 일상에 대한 것이다. 일상은 모든 사람들이 가지고 있는 것이기에 평범해 보일 수 있다. 그러나 모든 사람에게 주어진 것은 그만큼 소중하다는 것을 의미한다. 공기와 물이 모든 사람에게 필요한 것처럼 말이다. 일상은 모든 사람에게 있는 것이지만 모든 사람이 잘 행하는 것은 결코 아니다. 오히려 많은 사람이 일상을 놓침으로 하나님의 뜻을 놓치고 있다.

죽음 앞에 서면 살아온 일상이 의미 없는 것처럼 보이지만 실상은 분명히 하나님 앞에 가서 선악 간에 심판을 받는다. 그것이 미래의 일이라고 무시하지 말아야 한다. 분명한 심판이다. 그러기에 오늘 살아있을 때 일상을 살아갈 수 있음을 감사하며 일상 속에서 하나님의 뜻을 이루어 가는 우리가 되어야 한다.

11 내가 다시 해 아래에서 보니 빠른 경주자들이라고 선착하는 것이 아니며 용사들이라고 전쟁에 승리하는 것이 아니며 지혜자들이라고 음식물을 얻는 것도 아니며 명철자들이라고 재물을 얻는 것도 아니며 지식인들이라고 은총을 입는 것이 아니니 이는 시기와 기회는 그들 모두에게 임함이니라

I realized another thing, that in this world fast runners do not always win the race, and the brave do not always win the battle. The wise do not always earn a living, intelligent people do not always get rich, and capable people do not always rise to high positions. Bad luck happens to everyone.

12 분명히 사람은 자기의 시기도 알지 못하나니 물고기들이 재난의 그물에 걸리고 새들이 올무에 걸림 같이 인생들도 재앙의 날이 그들에게 홀연히 임하면 거기에 걸리느니라

You never know when your time is coming. Like birds suddenly caught in a trap, like fish caught in a net, we are trapped at some evil moment when we least expect it.

13 내가 또 해 아래에서 지혜를 보고 내가 크게 여긴 것이 이러하니

Thoughts on Wisdom and Foolishness There is something else I saw, a good example of how wisdom is regarded in this world.

14 곧 작고 인구가 많지 아니한 어떤 성읍에 큰 왕이 와서 그것을 에워싸고 큰 흉벽을 쌓고 치고자 할 때에

There was a little town without many people in it. A powerful king attacked it. He surrounded it and prepared to break through the walls.

15 그 성읍 가운데에 가난한 지혜자가 있어서 그의 지혜로 그 성읍을 건진 그것이라 그러나 그 가난한 자를 기억하는 사람이 없었도다

Someone lived there who was poor, but so clever that he could have saved the town. But no one thought about him.

〈전도서 9:11-18은 '뛰어남에 대한 탐구' 이야기다. 사람들은 자신의 분야에서 뛰어난 사람이 되고자 한다. 그렇게 뛰어난 사람이 되는 것이 인생을 가치 있게 사는 것이 될까?〉

9:11 열심히 훈련하여 빠른 달리기 선수가 된 사람, 싸움을 잘 하는 용사, 지혜자, 기술자 등에 대해 말한다. 그들은 각자의 영역에서 열심히 노력하여 뛰어난 사람이 된 사람들이다. **빠른 경주자들이라고 선착하는 것이 아니며.** 제일 빠르면 올림픽에서 금메달을 따는 것이 맞다. 그런데 꼭 그렇지만은 않다. **시기와 기회는 그들 모두에게 임함이니라.** 그들은 '시기와 기회'라는 것에 의해 영향을 받는다. 열심히 준비했고 세계 최고의 기록을 보유하고 있는데 올림픽이 열렸을 때 컨디션이 안 좋아 메달을 따지 못할 수 있다. '기회'가 있다고 말한다. '상황'이라고 번역해도 된다. 어떤 일이 일어나는 것을 말한다. 올림픽 때 교통사고가 나서 참석하지 못하여 결국 메달을 딸 수 없게 될 수 있다. 분명히 뛰어난 사람이 되었고 그러면 이제 그에 합당한 열매가 있어야 할 것 같다. 그러나 때와 기회가 안 맞아서 결정적인 순간 틀어져 결국 열매가 없을 수 있다. 그렇다면 그가 뛰어난 사람이 된 것이 무슨 의미가 있을까? 그는 분명히 열매를 생각하면서 뛰어난 사람이 되고자 모든 노력을 했을텐데 말이다.

9:12 **분명히 사람은 자기의 시기도 알지 못하나니.** 자기 자신이 뛰어난 사람이 되도록 준비하는 것은 조금 더 자신에게 달린 일이다. 그런데 '시기'는 자신에게 속한 것이 아니다. 모른다. 그렇게 준비했는데 때가 안 맞아 모든 준비가 허사가 될 수 있다. 그러기에 뛰어난 사람이 되는 것이 모든 것이 아니다. 겸손해야 한다. 시기와 환경은 오직 하나님께 속한 것이다. 그러기에 뛰어난 사람이 되는 것에만 목적이 있는 것이 아니라 하나님의 통치 속에서 그 뛰어남이 시기와 환경에 맞게 잘 사용되도록 기도하는 사람이 되어야 한다. 하나님 의 인도하심을 바라보며 시기와 기회가

16 그러므로 내가 이르기를 지혜가 힘보다 나으나 가난한 자의 지혜가 멸시를 받고 그의 말들을 사람들이 듣지 아니한다 하였노라

I have always said that wisdom is better than strength, but no one thinks of the poor as wise or pays any attention to what they say.

17 조용히 들리는 지혜자들의 말들이 우매한 자들을 다스리는 자의 호령보다 나으니라

It is better to listen to the quiet words of a wise person than to the shouts of a ruler at a council of fools.

18 지혜가 무기보다 나으니라 그러나 죄인 한 사람이 많은 선을 무너지게 하느니라

Wisdom does more good than weapons, but one sinner can undo a lot of good.

맞기를 간절히 기도하면서 살아야 한다.

9:14 어떤 성읍에 큰 왕이 와서 그것을 에워싸고...치고자 할 때. 힘이 센 큰 나라의 왕이 와서 그 성읍을 치고자 하였다. 그 성읍은 풍전등화 신세가 되었다.

9:15 그 성읍 가운데에 가난한 지혜자가 있어서 그의 지혜로 그 성읍을 건진 그것이라. 성읍에 힘은 없지만 지혜가 있는 사람이 있어 그 사람의 지혜로 성읍이 적군으로부터 구원을 받았다. 그런데 놀라운 일은 그 이후에 일어났다. **그 가난한 자를 기억하는 사람이 없었도다.** 가난한 지혜자의 지혜는 힘보다 더 유용하였다. 그런데 사람들은 그가 힘이 없는 가난한 사람이라는 사실 때문에 그를 높이지 않았다.

9:16 가난한 자의 지혜가 멸시를 받고. 사람들은 가난한 자의 지혜가 그들을 구원하였음에도 불구하고 그 사람과 그 지혜를 멸시하였다. 지혜자는 적당한 보상을 받지 못하였다.

9:18 지혜가 무기보다 나으니라. 분명히 무기가 아니라 지혜로 성읍이 구원을 받았다. 그런데 사람들이 그것을 몰라주었다. 무지한 자가 선동을 하면 '가난한 지혜자'는 힘이 없기 때문에 그대로 주저 앉게 된다. 무너지게 된다.
가난한 지혜자가 보상이 없다고 무너지고, 그것을 본 다른 사람들이 보상이 없음을 보고 지혜자가 되기 위해 노력하는 것을 포기한다면 어떻게 될까? 다음에 그 성읍이 또 공격을 받을 때 그들을 구원할 '가난한 지혜자'가 없을 것이다. 결국 모든 사람들이 멸망하고 말 것이다.
사람들이 '가난한 지혜자'를 가난하다고(힘이 없다고) 무시하는 경우가 많다. 분명히 어떤 힘보다 더 강하고 소중한데 사람들은 그 가치를 모른다. 지혜를 추구하고 준비하는 사람은 지혜를 추구하느라 비록 '가난한' 사람이 되더라도 지혜를 추구해야 한다. 세상은 끝내 알아주지 않는 경우가 많다. 세상을 보면 '가난한 지혜자'는 갈수록 적어질 수밖에 없다. 그러나 신앙인은 하나님을 바라본다. '가난한 지혜자'가 땅에서는 보상이 없어도 하늘에서 보상이 있음을 믿고 열심히 지혜를 가꾸어 간다.

뛰어난 능력을 갖는 것에 대해 살펴보았다. 사람은 자기 분야에서 열심히 준비하여 뛰어난 사람이 되는 것이 필요하고 중요하다. 그러나 뛰어난 자기 자신이 아니라 하늘의 하나님을 바라보는 사람이 되어야 한다는 것을 보았다.

뛰어남에 대한 보상을 세상에서 찾지 말고 하나님께 찾아야 한다는 것도 보았다. 세상은 '가난한 지혜자'를 귀히 여기지 않는다. 분명 가난한 지혜자가 있어 세상이 돌아감에도 불구하고 가난하다고 무시한다. 그러할 때 지혜를 포기할 것이 아니라 하나님을 바라보며 지혜를 가꾸어 가는 사람이 되어야 한다.

전도서 10:1-20

1 죽은 파리들이 향기름을 악취가 나게 만드는 것 같이 적은 우매가 지혜와 존귀를 난처하게 만드느니라

Dead flies can make a whole bottle of perfume stink, and a little stupidity can cancel out the greatest wisdom.

2 지혜자의 마음은 오른쪽에 있고 우매자의 마음은 왼쪽에 있느니라

It is natural for the wise to do the right thing and for fools to do the wrong thing.

3 우매한 자는 길을 갈 때에도 지혜가 부족하여 각 사람에게 자기가 우매함을 말하느니라

Their stupidity will be evident even to strangers they meet along the way; they let everyone know that they are fools.

4 주권자가 네게 분을 일으키거든 너는 네 자리를 떠나지 말라 공손함이 큰 허물을 용서 받게 하느니라

If your ruler becomes angry with you, do not hand in your resignation; serious wrongs may be pardoned if you keep calm.

5 내가 해 아래에서 한 가지 재난을 보았노니 곧 주권자에게서 나오는 허물이라

Here is an injustice I have seen in the world—an injustice caused by rulers.

6 우매한 자가 크게 높은 지위들을 얻고 부자들이 낮은 지위에 앉는도다

Stupid people are given positions of authority while the rich are ignored.

7 또 내가 보았노니 종들은 말을 타고 고관들은 종들처럼 땅에 걸어 다니는도다

I have seen slaves on horseback while noblemen go on foot like slaves.

8 함정을 파는 자는 거기에 빠질 것이요 담을 허는 자는 뱀에게 물리리라

If you dig a pit, you fall in it; If you break through a wall, a snake bites you.

9 돌들을 떠내는 자는 그로 말미암아 상할 것이요 나무들을 쪼개는 자는 그로 말미암아 위험을 당하리라

If you work in a stone quarry, you get hurt by stones. If you split wood, you get hurt doing it.

10 철 연장이 무디어졌는데도 날을 갈지 아니하면 힘이 더 드느니라 오직 지혜는 성공하기에 유익하니라

If your axe is blunt and you don't sharpen it, you have to work harder to use it. It is more sensible to plan ahead.

10장

〈전도서 10:1-20은 '세상에 대한 탐구' 이야기다. 10:1-11은 우매의 힘과 지혜의 힘에 대해 말한다. 10:12-20은 세상의 여러 일에 대해 말한다.〉

10:1 세상에서 가치 있는 삶을 살기 위해서는 지혜를 따라가는 것이 마땅하다. 그런데 세상에서의 실제 모습은 우매의 힘이 더 크고 매력적으로 보일 때가 많다. **죽은 파리들이 향기름을 악취가 나게 만드는 것 같이.** 죽은 파리는 '우매'를 상징한다. '향기름'은 지혜를 상징한다. 둘이 같이 있을 때 결국 무엇이 이길까? **우매가 지혜와 존귀를 난처하게 만드느니라.** '작은 어리석음이 지혜와 명예보다 더 무겁다'(가톨릭 성경)라고 번역할 수 있다. 우매가 지혜보다 더 힘을 발휘한다는 말이다. 썩은 파리와 향기름이 같이 있을 때 결국 향기름 냄새가 아니라 썩은 파리 냄새가 더 나는 것과 같다.

10:2 지혜자의 마음은 오른쪽...우매자의 마음은 왼쪽에 있느니라. 서로 다르다. '오른쪽'은 선함을 상징하고 '왼쪽'은 악함을 상징한다. 지혜는 선함을 위해 존재하는 것이고 우매는 악함을 위해 존재한다. 악함이 커서 득세한다 하여도 지혜는 왼쪽의 길을 갈 것이 아니라 오른쪽의 길을 가야 한다.

10:5 재난...주권자에게서 나오는 허물이라. 권세자가 우매한 경우가 많다. 우매함과 악함으로 권세를 잡기 때문에 권세를 잡으면 더욱더 우매함과 악함으로 살아간다.

10:7 종들은 말을 타고 고관들은 종들처럼 땅에 걸어 다니는도다. 세상이 거꾸로 돌아가는 모습이다. 지혜로운 자가 낮은 위치에 있고 우매한 자가 높은 위치에서 호령한다. 그런 경우가 많다. 세상에서 우매는 힘을 발휘할 때가 많다. 때때로 지혜보다

11 주술을 베풀기 전에 뱀에게 물렸으면 술객은 소용이 없느니라

Knowing how to charm a snake is of no use if you let the snake bite first.

12 지혜자의 입의 말들은 은혜로우나 우매자의 입술들은 자기를 삼키나니

What the wise say brings them honour, but fools are destroyed by their own words.

13 그의 입의 말들의 시작은 우매요 그의 입의 결말들은 심히 미친 것이니라

They start out with silly talk and end up with pure madness.

14 우매한 자는 말을 많이 하거니와 사람은 장래 일을 알지 못하나니 나중에 일어날 일을 누가 그에게 알리요

A fool talks on and on. No one knows what is going to happen next, and no one can tell us what will happen after we die.

15 우매한 자들의 수고는 자신을 피곤하게 할 뿐이라 그들은 성읍에 들어갈 줄도 알지 못함이니라

Only someone too stupid to find his way home would wear himself out with work.

16 왕은 어리고 대신들은 아침부터 잔치하는 나라여 네게 화가 있도다

A country is in trouble when its king is a youth and its leaders feast all night long.

17 왕은 귀족들의 아들이요 대신들은 취하지 아니하고 기력을 보하려고 정한 때에 먹는 나라여 네게 복이 있도다

But a country is fortunate to have a king who makes his own decisions and leaders who eat at the proper time, who control themselves and don't get drunk.

18 게으른즉 서까래가 내려앉고 손을 놓은즉 집이 새느니라

When someone is too lazy to repair his roof, it will leak, and the house will fall in.

19 잔치는 희락을 위하여 베푸는 것이요 포도주는 생명을 기쁘게 하는 것이나 돈은 범사에 이용되느니라

Feasting makes you happy and wine cheers you up, but you can't have either without money.

20 심중에라도 왕을 저주하지 말며 침실에서라도 부자를 저주하지 말라 공중의 새가 그 소리를 전하고 날짐승이 그 일을 전파할 것임이니라

Don't criticize the king, even silently, and don't criticize the rich, even in the privacy of your bedroom. A bird might carry the message and tell them what you said.

더 강한 힘을 발휘하기도 한다. 왼쪽 세상이다.

10:8 함정을 파는 자는 거기에 빠질 것이요 담을 허는 자는 뱀에게 물리리라. 악한 자들의 행동에 대한 말이다. 악한 자들이 함정을 파서 도둑질을 하고 담을 헐어 약탈한다. 우매함과 악함으로 많은 것을 얻는 것 같다. 그러나 예기치 않은 때에 그들이 당할 때가 있을 것이다. 최소한 마지막 심판 때는 반드시 멸망할 것이다.

10:9 지혜로운 이들이 열심히 일할 때도 어려움은 있다. **돌들을 떠내는 자는...상할 것이요...나무를 쪼개는 자...위험을 당하리라.** 돌을 떠내는 일은 많은 위험이 따른다. 그것이 정당하고 꼭 필요한 일이지만 그럼에도 불구하고 위험성이 따른다. 지혜도 이 땅의 사람들에게 꼭 필요한 것이지만 위험이 따른다. 우매하고 악한 사람들이 시기하고 미워하기 때문이다.

10:10 지혜가 우매에 의해 미움을 당할 때 도망가면 안 된다. 우매가 힘으로 지혜를 핍박할 때 절망하거나 포기하지 말아야 한다. **철 연장이 무디어졌는데도 날을 갈지 아니하면 힘이 더 드느니라.** 도끼의 날을 잘 갈아 놓아야 나무를 잘 쪼갤 수 있다. 그것처럼 지혜가 세상에서 먹히지 않을 때 악을 닮는 것으로 돌파구를 찾는 것이 아니라 더욱더 지혜로움으로 돌파구를 찾아야 한다. 얼마나 사용했으면 날이 무디어졌겠는가? 그래도 안 먹혔으니 실망할만 한다. 그러나 무딘 날을 다시 갈아야 한다. 결국 지혜가 승리한다는 믿음을 가지고 지혜를 더 지혜롭도록 인내하고 훈련해야 한다. **오직 지혜는 성공하기에 유익하니라.** 지혜는 성공하기에 유익하다. 이것을 세상에서 경험하는 신앙인이 되었으면 좋겠다. 좌로 가서 성공하는 것이 아니라 우의 자리에서 성공해야 한다.
악이 성공하기에 유익한 세상이다. 그러나 지혜(진리)도 성공하기에 유익하다. 가장 좋은 소식은 지혜의 성공은 우매의 성공과 달라서 영원한 승리자의 성공이 된다는 것이다. 영광스러운 성공이다.

10:11 주술을 베풀기 전에 뱀에게 물렸으면...소용이 없느니라. 참다운 지혜를 익히지도 않고 제대로 사용하지도 않고 우매가 더 낫다고 판단하지 말아야 한다. 어쩔 수 없다고 말하지 말아야 한다. 지혜는 성공하기에 유익하다. 우매가 아무리 위협하고 유혹하여도 눈길을 주지 말고 오직 지혜로 끝내 성공하는 사람이 되라. 그러기 위해 지혜를 가꾸는 사람이 되어야 한다. 즉각 사용할 수 있는 지혜로 가꾸어야 한다. 인내하여 끝내 승리하는 지혜로 가꾸어 가야 한다.

세상을 보면 우매(악)가 더 우세한 것을 볼 때가 많을 것이다. 우매가 지혜를 누른다. 세상 권세를 가진 사람들을 보면 그들의 우매(악)로 통치하고 있다. 우매가 더 힘을 얻고 권세를 부리는 거꾸로 된 세상을 우리는 살아가고 있다. 그러나 우매에 눈길을 주지 말라. 변질된 지혜가 아니라 더욱더 깊은 지혜로 세상을 이기는 사람이 되어야 한다. 끝내 승리하는 지혜를 가져야 한다. 그래서 '지혜는 성공하기에 유익하니라'가 우리의 경험담이 되게 하라.

10:12 세상은 요란하다. 일도 많고 탈도 많다. 대표적인 것으로서 말에 대해 말한다. **지혜자의 입의 말들은 은혜로우나.** 세상은 일이 필요하다. 말이 필요하다. 지혜로운 따스한 말 한 마디가 얼마나 은혜로운지 모른다. 귀한 일을 하는지 모른다. 꼭 필요하다. **우매자의 입술들은 자기를 삼키나니.** 우매자의 많은 말은 많은 선한 역할을 하는 것이 아니라 오히려 자기 자신을 파괴하는 역할을 한다고 말한다. 많은 일이 많은 선한 일이 되는 것이 아니라 많은 탈을 만들어낸다. 많은 악을 만들어낸다.

10:13 어리석은 자는 말하는 것이 어리석다. 그 어리석은 말을 더 많이 하면 더 많은 어리석음이 나타난다. **결말들은 심히 미친 것이니라.** 악한 광기들로 가득하다. 어

리석은 것을 잔뜩 뿌려 놓았으니 그것을 가리려면 상대방의 눈을 멀게 하는 악한 광기를 부려야 할 수도 있다. 그런 끔찍한 일들이 벌어진다. 요즘 세상을 보라. 광기가 가득하다. 누군가에게 받은 상처 때문에 아무 관련도 없는 사람을 죽이기까지 한다.

10:14 우매한 자는 말을 많이 하거니와. 세상에서 진리를 알지 못하면서 많은 일을 하는 사람들이 있다. **사람은 장래 일을 알지 못하나니.** 많은 말이 나중에 부메랑이 되어 자신을 죽이는 화살이 될 수 있다. 살아가면서 행하는 많은 일들이 그때는 자기에게 유익한 줄 알고 행했는데 나중에 자신을 옥죄는 것이 될 수 있다. 많은 일이 중요한 것이 아니다. 적은 일을 하여도 정직하고 순결하게 사는 것이 좋다.

10:15 우매한 자들의 수고는 자신을 피곤하게 할 뿐이라. 진리를 모르고 행하는 수많은 우매한 일들이 결국은 자기 자신을 좀먹는 것이다. 그들은 많은 일을 하면서 대단한 것처럼 착각한다. 돈을 많이 벌면 그것이 대단한 것처럼 여기고 직장에서 승진하면 그것이 최고인 것처럼 여긴다. 그러나 그들은 정작 가장 중요한 것을 모른다. **그들은 성읍에 들어갈 줄도 알지 못함이니라.** 생활의 중심이 되는 '성읍 가는 길'은 가장 기본적인 상식으로 생각하면 된다. 세상의 가장 기본적인 상식은 사실 '창조주를 아는 것'이다. 자신의 육체적 부모를 아는 것이 가장 기본적인 상식이라면 자신을 창조하신 분을 알고 그 분의 뜻을 아는 것은 무엇보다 더 큰 상식이다. 그런데 그것도 모르면서 세상에서 이일 저일 바쁘게 살아가며 자기 자신만 힘들게 하고 나중에 혼자 자괴하면서 '인생이 왜 이렇게 힘든지 모르겠다'라고 말한다.

10:16-17 전도자는 사람들이 살아가는 세상의 요소에 대해 말한다. 왕에 대해 말한다. 왕은 멀리 있지만 사실 나라에 가장 큰 영향을 미치는 존재다. '어려서 어리석은 왕'이 있으면 나라가 화가 되고, 잘 다스리는 왕이면 나라가 복되다. 좋은 나

라 좋은 리더가 되는 것은 중요하다. 그러나 나라의 일이 크다 하여 그렇게 나라의 일에만 빠져 있어도 안 된다.

10:18 손을 놓은즉 집이 새느니라. 앞 단락과 같은 의미다. 게을러서 지붕 수리(석회로 바른 곳이 금이 가는 것을 보수하는 것)를 하지 않으면 물이 새서 고생을 하게 된다. 그것처럼 세상살이가 게으르면 고생을 한다. 게으름을 피우지 말아야 할 대표적인 이유다.

10:19 세상에는 '식사'가 있고, '술'이 있으며, '돈'이 있다. **돈은 범사에 이용되느니라.** 너무 완곡하게 번역하였다. 직역하면 '돈이 모든 것에 대답한다'이다. 돈의 쓰임새에 대해 정확하게 지적하는 말이다. 돈은 세상살이에서 매우 큰 일을 한다. 돈 예찬론자들이 아주 좋아할 말이다.

10:20 심중에라도 왕을 저주하지 말며. 세상의 권력자들을 미워하는 마음을 가지지 말아야 한다. 미워하는 마음을 가지면 그것이 은연중에 나타나 화를 당할 수 있다. 좋은 나라를 만드는 것은 아주 좋은 일이다. 좋은 나라의 좋은 리더가 되는 것은 매우 좋은 일처럼 보인다. 그러나 그것도 거기까지다. 세상에서 일 중독이 되기 쉽다. 일해야 무엇인가를 할 수 있기 때문이다. 일은 열매도 있고 무엇인가에 열중하게 하여 다른 것을 잊게 만드는 역할을 하기도 한다. 무엇인가를 하고 있다는 만족감을 줄 수도 있다.

돈이 모든 일을 하는 것을 보면 돈을 우상으로 섬기기 쉽다. 돈을 우상으로 하는 사람들이 얼마나 많은가? 권력이 무서운 힘을 발휘하는 것을 보면 권력 앞에 아부하며 권력에 빌붙어 사는 사람이 될 수도 있다. 그러나 그러한 것은 모두 한계를 가지고 있음을 알아야 한다.

아무리 많은 일을 하여도 그것의 끝은 허무다. 아무리 많은 돈을 가지고 많은 권력을 가져도 마찬가지다. 그러한 것은 사람의 인생을 낭비하게 하고 마음을 빼앗으며 결국은 아무것도 남지 않는다.

훌륭한 지도자가 있는 훌륭한 나라, 많은 일, 많은 돈, 많은 권력은 큰 소리를 낸다. 사람들에게 큰 소리를 낸다. 사람을 움직이는 힘을 가지고 있고 사람의 마음을 빼앗는다. 지금 세상은 그것을 위해 온 힘을 쏟으며 살고 있다. 그러나 진짜 중요한 것은 그것이 아니다.

많은 일을 한다 하여 그것이 진리를 보장하지는 못한다. 중요한 것은 진리를 따라 사는 것이다. 세상에서 중요하게 여기는 것이 아니라 진리를 따라 사는 것이 중요하다. 세상을 창조하신 하나님께서 말씀하시는 진리를 따라 사는 것이 중요하다. 세상의 그러한 좋아 보이는 일은 세상에서 임시적으로 의미 있는 일은 될 수 있지만 영원한 나라에서 천지를 창조하신 하나님 나라에서 의미 있는 일은 아니다. 세상의 관점이 아니라 조금 더 큰 관점으로 보아야 한다.

1 너는 네 떡을 물 위에 던져라 여러 날 후에 도로 찾으리라

What a Wise Man Does Invest your money in foreign trade, and one of these days you will make a profit.

2 일곱에게나 여덟에게 나눠 줄지어다 무슨 재앙이 땅에 임할는지 네가 알지 못함이니라

Put your investments in several places—many places, in fact—because you never know what kind of bad luck you are going to have in this world.

3 구름에 비가 가득하면 땅에 쏟아지며 나무가 남으로나 북으로나 쓰러지면 그 쓰러진 곳에 그냥 있으리라

No matter in which direction a tree falls, it will lie where it fell. When the clouds are full, it rains.

4 풍세를 살펴보는 자는 파종하지 못할 것이요 구름만 바라보는 자는 거두지 못하리라

If you wait until the wind and the weather are just right, you will never sow anything and never harvest anything.

5 바람의 길이 어떠함과 아이 밴 자의 태에서 뼈가 어떻게 자라는지를 네가 알지 못함 같이 만사를 성취하시는 하나님의 일을 네가 알지 못하느니라

God made everything, and you can no more understand what he does than you understand how new life begins in the womb of a pregnant woman.

6 너는 아침에 씨를 뿌리고 저녁에도 손을 놓지 말라 이것이 잘 될는지, 저것이 잘 될는지, 혹 둘이 다 잘 될는지 알지 못함이니라

Do your sowing in the morning and in the evening, too. You never know whether it will all grow well or whether one sowing will do better than the other.

11장

〈전도서 11:1-10은 힘들고 위험이 가득한 '벤처 인생 탐구' 이야기이다. 인생은 위험하고 수수께끼로 가득하지만 지금 걸어야 하는 한 걸음은 분명히 아름답고 명확한 답이 있다.〉

11:1 네 떡을 물 위에 던져라. 이것에 대한 다양한 해석이 있다. 1.배 무역과 같은 일에 투자하라. 2.자선을 베풀어라. 3.무의미한 행동이다. 1번이 기본 의미이며 2번은 상징적으로 포함되었다 생각하는 것이 좋을 것 같다. 배 무역은 많은 위험성을 가지고 있다. 그러나 이익을 낼 때는 크게 이익이 된다. 오늘날 벤처기업과 같다. 어떤 면에 있어 인생이 그러하다. 벤처기업과 같다. 하는 일에 많은 위험성이 있다. 그러나 대박 인생이 될 수도 있다.

11:2 일곱에게나 여덟에게 나눠 줄지어다. 투자의 정석은 '분산투자'이다. 인생은 더욱더 위험한 투자여서 조금 더 여러 가능성을 두고 살아야 한다. 물건을 싣고 가는 배에 무슨 일이 일어날지 모르는 것처럼 인생의 시기에도 어떤 일이 일어날지 모른다. 그래서 가능성을 열어 두고 살아야 한다. 살다가 인생의 항로를 바꾼 사람들이 많다. 사실 학생시절 아는 직업이 거의 없다. 그러니 살아가면서 직업을 바꾸는 것이 당연하다. 그렇게 다양한 가능성이 있음을 알고 열어 두고 준비하면서 사는 것이 필요하다. 인생은 안전자산이 아니다. 이리저리 치일 때가 많을 것이다. 이 일도 안 되고 저 일도 안 되기도 할 것이다. 그러나 모른다. 그런 과정을 통해 하나님께서 우리를 어떤 길로 인도할지 모른다. 그러니 실패하였다고 주저앉으면 안 된다. 벤처 기업은 여러 번 실패를 하고 그 중에 하나가 성공한다. 인생이 그러하다. 그래서 7-8번 나누라고 하셨다.

7 빛은 실로 아름다운 것이라 눈으로 해를 보는 것이 즐거운 일이로다

It is good to be able to enjoy the pleasant light of day.

8 사람이 여러 해를 살면 항상 즐거워할지로다 그러나 캄캄한 날들이 많으리니 그 날들을 생각할지로다 다가올 일은 다 헛되도다

Be grateful for every year you live. No matter how long you live, remember that you will be dead much longer. There is nothing at all to look forward to.

9 청년이여 네 어린 때를 즐거워하며 네 청년의 날들을 마음에 기뻐하여 마음에 원하는 길들과 네 눈이 보는 대로 행하라 그러나 하나님이 이 모든 일로 말미암아 너를 심판하실 줄 알라

Advice to Young People Young people, enjoy your youth. Be happy while you are still young. Do what you want to do, and follow your heart's desire. But remember that God is going to judge you for whatever you do.

10 그런즉 근심이 네 마음에서 떠나게 하며 악이 네 몸에서 물러가게 하라 어릴 때와 검은 머리의 시절이 다 헛되니라

Don't let anything worry you or cause you pain. You aren't going to be young very long.

11:5 만사를 성취하시는 하나님의 일을 네가 알지 못하느니라. 우리는 우리를 향한 하나님의 구체적인 뜻을 많이 모른다. 하나님의 뜻은 앉은 자리가 아니라 일을 하면서 깨닫게 된다. 길을 다 알고 일어나 걸어가는 것이 아니라 걸어가면서 길을 배운다.

11:6 중요한 것은 머무르지 않는 것이다. 실패해도 주저 앉지 않는 것이다. **아침에 씨를 뿌리고...이것이 잘 될는지 저것이 잘 될는지 혹 둘이 다 잘 될는지 알지 못함이니라.** 우리는 어떤 것이 잘 될지 잘 모른다. 그러니 포기하지 말고 씨를 뿌려라.

11:7 빛은 실로 아름다운 것이라. '빛' 곧 해 아래에서의 삶을 '아름다운 것'이라 말한다. 하나님께서 인생을 주셨다. 우리에게 나쁜 것을 주신 것이 아니다. 좋은 것을 주셨다. 인생은 실로 아름다운 것이다. 계속 실패하였어도 걱정하지 마라. 결코 자신의 인생을 저주하지 마라. 실패는 성공의 과정이며 성공 자체이기도 하다.

11:8 여러 해를 살면 항상 즐거워할지로다...캄캄한 날들이 많으리니. '캄캄한 날'은 죽음을 말한다. 과거에 죽은 사람들이 여전히 죽음 가운데 있다. 그래서 '죽음의 날은 많다'라고 평가할 수 있다. 이것은 죽음의 날에 대한 것이 아니라 지금 사는 날에 대해 말하기 위함이다. 지금 사는 날이 짧다는 것이다. 그래서 지금 사는 날을 참으로 즐거워하며 의미 있게 살아야 한다는 것을 말한다. **다가올 일은 다 헛되도다.** '다가올 일'은 대부분 미래형으로 번역하지만 나는 본래 히브리어가 과거형(완료형)이니 과거형으로 번역하는 것이 좋다고 생각한다. '이미 벌어진 일'로 번역하는 것이 좋다고 생각한다. 전도서에서 '헛되도다'는 '수수께끼다'라고 번역하는 것이 더 좋을 때가 많다. 그래서 이미 벌어진 일들이 수수께끼와 같다는 의미다. 그러니 슬픈 일 같아도 실제로는 기쁜 일일 수도 있다.

11:9 네 어린 때를 즐거워하며. 인생은 벤처기업과 같아서 실패할 때가 많다. 아마 훨씬 더 많은 청년들이 자신이 원하지 않는 곳에 와 있을 것이다. 꿈은 산산이 깨지고 근근이 먹고 살아야만 하는 곳에 있을 것이다. 그러나 그곳을 '즐거워'하라. 인생을 받아들여라. 인생은 사람들이 보기에 더 커야 좋은 것이고, 월급이 더 많아야 훌륭한 인생이 되는 것이 아니다. 지금 있는 그 자리에서 눈을 뜨고 보라. 하나님이 다스리고 계신다. 지금 있는 그곳에서 즐거워해야 한다. 내일 다른 직장으로 옮긴다 하여도 오늘 그 직장을 즐겁게 다녀라. **마음에 원하는 길들과 네 눈이 보는대로 행하라.** 마음이 뛰는 것, 눈이 번쩍 뜨이는 것을 하라는 말씀이다. 인생을 억지로 살 필요가 없다. 마음이 시키는 일을 하라. 감은 눈을 뜨고 싶은 삶을 살라. 중요한 것은 '하나님이 이 모든 일로 말미암아 너를 심판하실 줄 알라'는 말씀처럼 우리에게 인생을 주신 하나님, 그것을 평가하실 하나님 앞에서 부끄럽지 않게 사는 것이다.

11:10 근심이 네 마음에서 떠나게 하며 악이 네 몸에서 물러가게 하라. 마음이 근심과 슬픔으로 짓눌리면 안 된다. '악이 네 몸에서 물러가게 하라'고 말할 때 '악'은 '재앙' '고통'으로 번역해도 된다. 요즘 '자가면역질환'이 많아졌다. 수많은 종류의 자가면역질환이 있다. 나도 궤양성대장염이라는 자가면역질환을 가지고 있다. 이것은 원인불명인데 내가 보기에는 거의 신경성이다. 마음의 근심이 몸의 고통으로 이어진 것이다. 학생들이 공부하느라, 직장 때문에 고민하느라 그러한 병에 걸린다. 그러나 그것은 자기 자신을 병들게 한 측면도 있다. 순수한 마음 때문에 그런 병이 많이 생긴다. 그러나 자기 자신이 세상 모든 것을 짊어지려고 하지 말아야 한다. '즐거워한다'는 것은 '받아들임'이다. 세상은 죄로 타락하였다. 그래서 일정 부분 세상의 죄를 받아들여야 한다. 자기 자신이 '죄를 범하라'는 것이 아니라 세상에 죄가 만연한 현실을 받아들이라는 것이다. 수많은 고민으로 가득한 '검은 머리의 시절'이 '헛되니라'고 말한다. 곧 수수께끼다. 우리는 모른다. 왜 그런 일이 일어났는지 모른다. 왜 그런 나쁜 사람을 만났는지 모른다. 나중에 알게 될 것이다. 아니면 부

활 후 하나님 앞에 나가야 알게 될 것이다. 그러니 지금은 어떤 것은 모른채 놔두어야 한다. 짊어지고 고민하고 고통당하지 말고 그냥 놔주어야 한다.

인생을 열심히 살다보면 고스란히 상처가 될 때가 많다. 인생은 상처가 가득하다. 상처 한 번 받았다고 멈추지 마라. 인생을 어둡게 보지 마라. 인생은 실패가 많지만 여전히 기회의 시기다. 해 아래에서의 삶은 수수께끼이지만 '실로 아름다운 것'이다. 분명 하나님의 선하신 인도하심이 있으니 믿고 그냥 '즐거워'하라. 그냥 웃어 주라. 세상이 아무리 속여도 웃어 주라.

세상이 우리를 속인 것은 하나님께서 심판하실 것이다. 우리가 정직하게 열심히 일하였으면 하나님께서 심판하실 때 인정해 주실 것이다. 그러니 세상에서 조금 실패하였어도 모든 일 끝난 사람처럼 굴지 마라. 다시 '즐거워'하라. 자신의 마음에 근심이 있고 몸에 아픔까지 이어지도록 만든다면 어리석은 것이다. 수수께끼 인생을 하나님께 맡기고 즐거워하라.

인생의 핸들을 하나님께 맡기고 우리의 일은 '즐기는 것'이다. 정직하고 순결하게 열심히 사는 삶을 즐겨라. 혹 열매가 없어도 즐겨라.

1 너는 청년의 때에 너의 창조주를 기억하라 곧 곤고한 날이 이르기 전에, 나는 아무 낙이 없다고 할 해들이 가깝기 전에

So remember your Creator while you are still young, before those dismal days and years come when you will say, "I don't enjoy life."

2 해와 빛과 달과 별들이 어둡기 전에, 비 뒤에 구름이 다시 일어나기 전에 그리하라

That is when the light of the sun, the moon, and the stars will grow dim for you, and the rain clouds will never pass away.

3 그런 날에는 집을 지키는 자들이 떨 것이며 힘 있는 자들이 구부러질 것이며 맷돌질 하는 자들이 적으므로 그칠 것이며 창들로 내다 보는 자가 어두워질 것이며

Then your arms, that have protected you, will tremble, and your legs, now strong, will grow weak. Your teeth will be too few to chew your food, and your eyes too dim to see clearly.

4 길거리 문들이 닫혀질 것이며 맷돌 소리가 적어질 것이며 새의 소리로 말미암아 일어날 것이며 음악하는 여자들은 다 쇠하여질 것이며

Your ears will be deaf to the noise of the street. You will barely be able to hear the mill as it grinds or music as it plays, but even the song of a bird will wake you from sleep.

5 또한 그런 자들은 높은 곳을 두려워할 것이며 길에서는 놀랄 것이며 살구나무가 꽃이 필 것이며 메뚜기도 짐이 될 것이며 정욕이 그치리니 이는 사람이 자기의 영원한 집으로 돌아가고 조문객들이 거리로 왕래하게 됨이니라

You will be afraid of high places, and walking will be dangerous. Your hair will turn white; you will hardly be able to drag yourself along, and all desire will have gone. We are going to our final resting place, and then there will be mourning in the streets.

6 은 줄이 풀리고 금 그릇이 깨지고 항아리가 샘 곁에서 깨지고 바퀴가 우물 위에서 깨지고

The silver chain will snap, and the golden lamp will fall and break; the rope at the well will break, and the water jar will be shattered.

12장

〈인생의 의미와 목적 탐구 마지막 결론에 대한 이야기다. 전도자는 인생의 의미를 찾아 16가지 주제를 살펴보았다. 그리고 이제 결론에 이르렀다.〉

12:1 인생의 목적을 찾는 마지막 여정에서 전도자가 발견한 것이 있다. **너의 창조주를 기억하라.** 존재하는 모든 것에는 이유가 있다. 그렇다면 사람을 창조하신 하나님께서도 이유를 가지고 창조하셨을 것이다. 아직 창조의 이유를 잘 모른다 하여도 최소한 창조주를 기억해야 한다. 창조의 이유를 몰라도 하나님께서 창조하신 것은 분명하기 때문이다. **청년의 때.** 청년의 때는 자기 멋대로 해도 되는 때로 생각하기 쉽다. 그러나 청년의 때에 창조주를 기억하여 창조주 하나님께서 주신 창조의 목적을 따라 사는 것이 중요하다. 힘이 있을 때 가장 중요한 창조의 목적을 이루어가야 한다. 가능한 더 빠른 시기에 창조주를 기억하는 것이 좋다.

12:2 **해와 빛과 달과 별들이 어둡기 전.** 이것은 아마 개인적인 죽음을 가리키는 것이지만 우주적인 재앙의 날까지 포함하고 있다고 말할 수 있다. 모든 것이 마치는 때다. 인생이 끝나면 결코 무엇도 더할 수 없다. **비 뒤에 구름이 다시 일어나기 전.** 인생을 살다보면 '비가 오는 때'를 경험하였을 것이다. 죽을 만큼 힘들었을 때다. 그러다 그 때가 지나면 다 잊어버리는데 '구름이 다시 일어나는 때'가 있다는 것을 기억해야 한다. 그때는 이제 진짜 모든 것이 끝나는 때다.

12:3 3-7절은 육체적 쇠약을 비유적으로 설명한다. 또는 재앙이 임하는 것을 비유적으로 설명하는 것으로도 해석할 수 있다. 아주 길게 설명한다.
집을 지키는 자들이 떨 것이며. 손을 상징적으로 말하는 것일 수 있다. 젊어서는 손이 자신을 지키는 역할을 하였지만 노년이 되면 손이 떨린다. **힘 있는 자들이 구부러질**

7 흙은 여전히 땅으로 돌아가고 영은 그것을 주신 하나님께로 돌아가기 전에 기억하라

Our bodies will return to the dust of the earth, and the breath of life will go back to God, who gave it to us.

8 전도자가 이르되 헛되고 헛되도다 모든 것이 헛되도다

Useless, useless, said the Philosopher. It is all useless.

9 전도자는 지혜자이어서 여전히 백성에게 지식을 가르쳤고 또 깊이 생각하고 연구하여 잠언을 많이 지었으며

The Summing Up But because the Philosopher was wise, he kept on teaching the people what he knew. He studied proverbs and honestly tested their truth.

10 전도자는 힘써 아름다운 말들을 구하였나니 진리의 말씀들을 정직하게 기록하였느니라

The Philosopher tried to find comforting words, but the words he wrote were honest.

11 지혜자들의 말씀들은 찌르는 채찍들 같고 회중의 스승들의 말씀들은 잘 박힌 못 같으니 다 한 목자가 주신 바이니라

The sayings of the wise are like the sharp sticks that shepherds use to guide sheep, and collected proverbs are as lasting as firmly driven nails. They have been given by God, the one Shepherd of us all.

12 내 아들아 또 이것들로부터 경계를 받으라 많은 책들을 짓는 것은 끝이 없고 많이 공부하는 것은 몸을 피곤하게 하느니라

My son, there is something else to watch out for. There is no end to the writing of books, and too much study will wear you out.

13 일의 결국을 다 들었으니 하나님을 경외하고 그의 명령들을 지킬지어다 이것이 모든 사람의 본분이니라

After all this, there is only one thing to say: have reverence for God, and obey his commands, because this is all that human beings were created for.

14 하나님은 모든 행위와 모든 은밀한 일을 선악 간에 심판하시리라

God is going to judge everything we do, whether good or bad, even things done in secret.

것이며. 허리는 힘의 근원이다. 가장 강한 근육이 있다. 그런데 어느새 구부러진다. **맷돌질 하는 자들이 적으므로.** 이가 빠져서 계속 수가 적어진다. **창들로 내다보는 자가 어두워질 것이며.** 눈이 어두워지는 것을 말한다.

길게 묘사하고 있는 이유가 무엇일까? 그것을 '다시 생각하게 만들기 위해서' 이다. 그것을 깊이 생각하도록 하기 위함이다. 사람들이 젊어서 노년의 때를 생각하지 않는다. 그러나 생각해 보아야 한다. 젊어서 시간여행을 해 보아야 한다.

12:6 은 줄이 풀리고 금 그릇이 깨지고. 우물에서 바구니에 끈을 달아 물을 퍼 올리는 이미지다. 이것은 인생에 대한 상징이기도 하다. '은줄' '금 그릇'이라고 말한다. 우물에서 은줄이나 금그릇을 사용하지 않는다. 그런데 왜 그렇게 표현하고 있는 것일까? 외양과 내면에 대한 설명인 것 같다. 겉으로는 분명히 별볼일 없다. 그러나 실제적으로는 어떤 것보다 더 귀하다. 이것은 인생의 가치가 얼마나 귀한지를 말해준다. 인생을 산다는 것은 매우 귀하다. 모든 사람이 그러하다.

12:7 영은 그것을 주신 하나님께로 돌아가기 전에 기억하라. 귀한 인생을 주신 하나님 앞에 가서 어떻게 살았는지 평가받을 때가 있다. 하나님께서 귀하게 주셨는데 많은 사람들이 하나님을 기억하지 않음으로 인생을 무가치하게 생각한다. 낭비한다. 우리는 하나님께 돌아갈 때가 있다는 사실을 기억해야 한다.

12:8 이 구절과 똑같은 내용이 1:2에서 나왔었다. 이것은 인생의 가치 탐구의 출입문과 출구 역할을 한다. 인생의 목적을 탐구하는 것이 '수수께끼(헛되도다)'라고 말한다. 수수께끼는 답을 정확히 알지는 못하였다는 것을 의미한다. 그러나 수수께끼는 그 자체로서 의미를 가진다. 그래서 인생의 의미를 찾는 전도자의 여행은 우리를 향한 하나님의 말씀이 되었다.

12:9 9절-14절에서 전도자는 이제 자신의 탐구 결론에 대해 말한다.
깊이 생각하여 연구하여 잠언을 많이 지었으며. 그는 많은 것을 탐구하였다. 쉽게 탐구한 것이 아니라 깊이 생각하고 연구하여 모든 것을 말하였다고 말한다.

12:11 지혜자들의 말씀들은 찌르는 채찍들 같고...잘 박힌 못 같으니. 채찍은 바르게 가도록 자극하며 안내하는 역할을 한다. '못'은 굳건하고 확고하게 견고하게 해준다. 인생의 목적과 가치에 대한 잠언은 인생을 바르게 안내하고 진리 위에 서게 해 준다. **한 목자가 주신 바이니라.** '한 목자'는 하나님을 의미한다. 특별계시만이 아니라 일반계시로서 세상의 지혜들도 하나님께로부터 나오는 것이다. 그러기에 세상의 지혜까지도 계시로 들을 수 있어야 한다.

12:12 이것들로부터 경계를 받으라. 모든 지혜들이 가치 있는 것이지만 경계를 해야 하는 것이 있음을 말한다. **책들을 짓는 것은 끝이 없고 많이 공부하는 것은 몸을 피곤하게 하느니라.** 부정으로 볼 수 있고 긍정으로도 볼 수 있다. 긍정으로 볼 때는 끝이 없고 힘이 들기 때문에 작심하고 더욱더 열심히 하라는 것일 수 있다. 부정으로 볼 때는 그러한 세상적인 철학에서 길을 잃지 말라는 것일 수 있다. 세상 철학도 일반계시로서 계시가 될 수 있지만 너무 그것에 빠지지는 말아야 한다는 말씀일 수 있다.

12:13 가장 중요한 결론을 말한다. 각종 강조로 가득한 구절이다. '일의 결국' '하나님' '그의 명령' '이것' 등이 강조되어 있다. **하나님을 경외하고 그의 명령들을 지킬지어다.** 인생의 가치는 충분하다. 목적도 충분하다. 그런데 구체적인 목적을 잘 모를 수 있다. 그러나 여전히 '하나님을 경외'하는 것은 가능하다. '명령들을 지키는 것' 또한 가능하다. 그러니 그것을 명심하면 된다. 인생이 아무리 수수께끼 같을지라도 그것은 분명하다. **이것이 모든 사람의 본분이니라.** 사실 이것이 사람이 지켜야할 모든 것이다. 구체적으로는 몰라도 답을 아는 인생을 살 수 있다.

12:14 하나님은…심판하시리라. 하나님께서 모든 행위를 심판하신다. 은밀한 일도 심판하신다. 모든 행위를 다 아시기 때문이다. '선악 간에 심판'하신다. 그것이 선한 일인지 악한 일인지를 분명히 구분하시고 선한 것에 대해 합당한 것과 악한 것에 대해 합당하게 심판하신다.

하나님께서 심판하신다는 것은 귀하다는 뜻이다. 귀하지 않으면 어떻게 살든 상관이 없다. 귀하기 때문에 모든 것이 지난 시점이라 할지라도 과거의 모든 것에 대해 선악간에 평가받고 심판받는 것이다. 그러기에 우리는 하나님을 경외하고 말씀을 지키면서 사는 이 의무를 명심하고 또 명심하며 살아야 한다.

전도자가 인생의 목적과 의미를 찾는 여행을 마치는 것을 보았다. 그는 마지막으로 인생을 마치는 모습에 대해 아주 자세히 묘사하였다. 모든 사람이 인생이 마치는 때가 있기 때문이다. 창조주의 목적을 이루지 못하고 인생을 마치면 안 되기 때문이다.

결론으로 사람의 본분에 대해 말하는 것을 보았다. 모든 사람의 인생은 가치가 있어 모든 것에 대해 심판이 있을 것이다. 그러기에 최소한 창조주 하나님을 경외하며 하나님의 명령을 지키는 일을 명심해야 한다. 그것이 이 땅을 살아가면서 지켜야 하는 가장 중요한 인생의 기준이다. 인생의 목적 없이 낭비하는 인생이 되지 말아야 한다. 사람의 본분을 강하게 붙잡고 수수께끼 같은 인생을 굳건하고 아름답게 사는 우리가 되기를 기도하자.

〈인생의 목적〉

전 12:13-14

나의 꿈은 '일찍 죽는 것'이었습니다. 중학교 3학년 때 믿음의 확신을 갖게 된 이후입니다. 이 땅에서 가장 행복하게 살아도 천국에서 가장 못사는 것보다 더 못한데 뭐하러 이 세상에 더 살겠습니까? 그러나 자살할 수는 없으니 선교사로 나가서 순교하고자 하였습니다.

나의 꿈이 바뀌었습니다. 대학교 1학년 때 말씀을 알아가면서 믿음의 깊이와 넓이를 깨달았기 때문입니다. 내 안과 밖에 하나님 나라를 확장해야 한다는 것을 알았습니다. 그때 얼마나 행복했는지 모릅니다. 내가 살아야 할 이유와 가치를 알았기 때문입니다. 그 이후 나는 참으로 행복한 삶을 살게 되었습니다. 하루를 살아도 인생의 목적에 맞게 살아갈 수 있었기 때문입니다.

인생의 목적을 생각하라

전도서 저자는 인생에 대해 말합니다. "전도자가 이르되 헛되고 헛되며 헛되고 헛되니 모든 것이 헛되도다" (전 1:2) 최상급을 사용하고 반복하여 말하여 '헛됨'을 말합니다. 이 헛됨에는 '수수께끼'라는 말도 포함하고 있습니다. 인생이 수수께끼로 가득하여 어렵습니다. 그래서 수수께끼를 풀지 않고 살기 때문에 허무하게 끝나는 것을 본 것입니다.

정확히 말하면 허무가 아니라 '절망'입니다. 인생은 '인생의 목적'이라는 수수께끼를 풀지 않고 살면 살아도 의미가 없기에 허무한 것입니다. 의미가 없을 뿐만 아니라 재앙이 있을 것이기에 절망입니다. 그래서 전도서의 저자는 인생의 의미를 찾기 위해 열심히 수고하였습니다.

인생의 목적과 의미를 모르고 산다면 무엇을 한들 무가치합니다. 헛될 뿐만 아니라 악한 것입니다. 하나님께서 주신 인생의 목적을 이루지 못하였기 때문입니다. 인생을 낭비하였기 때문입니다.

오늘 무엇을 하였습니까? "그러므로 내가 너희에게 이르노니 목숨을 위하여 무엇을 먹을까 무엇을 마실까 몸을 위하여 무엇을 입을까 염려하지 말라 목숨이 음식보다 중하지 아니하며 몸이 의복보다 중하지 아니하냐" (마 6:25) 예수님께서 말씀하시기를 '사람들이 너무 걱정하면서 살고 있다'고 하셨습니다. 마치 걱정이 인생의 목표인 것처럼 말입니다. 무엇을 그렇게 걱정합니까? '무엇을 먹을까, 마실까, 입을까'입니다. 물질적인 것입니다. 가장 중요한 것은 돈이고, 또한 그와 관련된 많은 것들입니다. 그런데 그러한 걱정은 '주객이 전도된 것이다' 말씀하셨습니다.
'몸이 의복보다 중하지 아니하냐' 그렇습니다. 중요한 것은 몸입니다. 의복이 아니고요. 사람들의 인생을 보면 사람은 없어지고, 물질만 남은 것 같습니다. 인생의 목적을 물어보면 사람들이 대부분 대답을 못합니다. 어쩌다 대답을 하는 사람을 보면 '의사가 되는 것이예요, 소방관이 되는 거예요' '은퇴하면 작은 집 하나 장만하여 편안히 사는 것입니다'라고 말합니다. 여전히 사람의 삶에 대해서는 말하지 않습니다. 다 수단일 뿐입니다. 진짜 인생의 목적은 없습니다.
사람들의 삶을 보면 인생이 없습니다. 인생이 없이 그냥 먹고, 마시고, 입는 것만 있습니다. 진정한 인생이 없는 모습이 오늘날 사람들의 특징이 되었습니다. 세상 사람들만 아니라 믿음을 가지고 사는 사람들조차도 그렇게 되는 경우가 많습니다. 빨리 회개해야 합니다. 주객이 전도된 인생을 살고 있다면 발리 돌이켜야 합니다. 인생이 무미건조하다면 목적이 없기 때문입니다. 인생이 효율적이지 못한 것도 인생의 목적이 없기 때문입니다. 진정한 삶이 없는 인생, 존귀한 삶이 없는 인생을 살고 있다면 빨리 돌이켜야 합니다. 인생은 존귀해야 하고 우리의 가슴을 전율하게 해야 합니다.

인생의 목적

인생의 목적에 대해 물으면 웃기만 하는 사람들이 많습니다. 그러나 인생의 목적은 철학적인 것이기도 하지만 매우 실제적인 것입니다. 세상 철학자들은 답이 없으니 매우 어려운 문제이지만 우리는 답(하늘의 계시)를 가지고 있기 때문에 그렇게 어렵지 않습니다. 오늘 하루를 살아가야 할 모든 사람이 꼭 알아야 하는 것입니다. 이것을 모르고 산다는 것은 불행이기 때문입니다.

전도서의 저자처럼 여러가지를 집중적으로 찾아보고 생각하는 것이 좋습니다. 그렇지 않다면 최소한 생각을 해 보아야 합니다. "공중의 새를 보라 심지도 않고 거두지도 않고 창고에 모아들이지도 아니하되 너희 하늘 아버지께서 기르시나니 너희는 이것들보다 귀하지 아니하냐" (마 6:26) 공중의 새를 보면 날갯죽지에 '하나님께서 나를 기르신다'고 써 있지 않습니다. 새만 보지 말고 한 번 더 생각해야 합니다. 천지를 창조하신 하나님, 만물을 다스리시는 하나님을 우리는 성경을 통해 분명히 알고 있습니다. 그 바탕에서 더 나아가야 합니다.

"너희 중에 누가 염려함으로 그 키를 한 자라도 더할 수 있겠느냐" (마 6:27) 걱정하지 말고요. 걱정은 많은 경우 하나님을 향한 불신입니다. 믿음은 하나님께서 우리를 이 땅에서 배부르게 먹고 살도록 하실 것이라는 믿음이 아니라, 우리가 어떻게 되든(배부르게 먹든, 먹을 것이 없든, 어떤 일이 일어나든) 하나님을 믿는 믿음으로 살면 그것이 최고의 복이라는 것을 믿는 것입니다. 그래서 어떤 일이 일어나도 두렵지 않고 걱정이 되지 않습니다. 걱정 대신 우리가 진짜 생각해야 하는 것이 무엇일까요?

"그런즉 너희는 먼저 그의 나라와 그의 의를 구하라 그리하면 이 모든 것을 너희에게 더하시리라" (마 6:33) '먼저' 구해야 하는 것이 있습니다. '하나님의 나라와 하나님의 뜻'을 구하는 것입니다. '뜻'은 '하나님의 나라의 법'입니다. 걱정은 지극히

이기적이고 개인적인 것이라면 하나님의 나라와 의를 구하는 것은 하나님 주권적이고 하나님의 나라를 이루는 대의적인 것입니다.

우리 개인의 삶이 하나님 나라를 이루어 갈 수 있고 하나님의 뜻을 이루어 갈 수 있다는 것이 얼마나 기쁜 일인지 모릅니다. 감격스럽고 존귀하고 아름다운 일입니다. 여기에서 인생의 목적을 조금 더 생각해보고자 합니다.

우리의 인생의 목적은 이미 우리에게 주어져 있습니다. 성경입니다. 성경에서 우리에게 어떻게 살라고 말씀하고 있습니다. 무엇이 중요하고 무엇이 가벼운 것인지. 그리고 무엇이 선하고 무엇이 악한지 우리는 이미 배우고 있습니다. 성경이 우리에게 인생의 목적을 말해주고 있습니다. 성경 때문에 우리는 창조주를 알게 되었고. 우리를 구원하신 예수 그리스도를 알게 되었습니다. 성경의 모든 내용이 우리가 인생을 어떤 목적을 가지고 어떻게 살아야 하는지를 가르쳐줍니다.

성경의 내용이 많다 보니 사람들이 중심을 잃어버리고 다시 인생의 목적을 혼란스러워하는 사람들이 많습니다. 한마디로 대답하지 못하는 경우가 많습니다. 그래서 그것에 대해 작은 대답으로 오늘 성경속에서 인생의 목적을 몇 가지 살펴보고자 합니다. 인생의 목적은 한 가지입니다. 그런데 그것을 설명하기 위해 인생의 목적을 4가지 측면(설명)으로 생각해 보겠습니다.

1. 하나님을 영광하고 하나님 때문에 행복한 것을 알기 위해

인생의 목적은 우리의 신앙 선배들도 늘 고민하였던 문제입니다. 1647년에 작성된 장로교회의 교리 표준이 되는 소요리 문답의 제 1문항은 '인생의 제일 되는 목적이 무엇이뇨?"라고 되어 있습니다. 그리고 그에 대한 대답이 "하나님을 영화롭게 하는 것과 그를 영원토록 즐거워하는 것입니다"라고 되어 있습니다.

소요리 문답은 아이들을 가르치기 위해 만든 것입니다. 대요리 문답의 1문항도 같습니다. 아이들이나 어른들이나 모두에게 가장 중요한 것은 인생의 목적을 아는 것입니다.

이 고백은 우리에게 인생의 목적에 대해 잘 설명하고 있습니다. 여기에서 하나님을 영화롭게 하는 것이 무엇일까요? 히브리어 '카보드(영광)'는 '꽉 찬'의 의미를 가집니다. 하나님께 합당한 것을 돌리는 것을 의미합니다. 경박스럽지 않고 하나님께 합당한 영광을 드리는 것입니다. 물건으로 예를 들면 거울로 설명을 많이 합니다. 거울처럼 하나님의 빛을 받아 비춘다는 뜻입니다. 죄로 어그러진 모습을 깨트리고 오직 하나님의 형상을 드러내며 사는 것입니다.

하나님을 영화롭게 한다는 것은 꼭 금메달을 따야 되는 것이 아닙니다. 우리가 무엇을 만들어내는 것이 아니라 단지 비추는 것입니다. 그래서 우리의 업적이 아닙니다. 우리가 하나님의 뜻대로 살 때 우리의 모든 삶이 하나님을 비추는 삶이 됩니다. '그를 기뻐한다'는 뜻이 무엇입니까? 하나님을 즐기는 것입니다. 하나님으로 인하여 행복한 것입니다. 하나님께서 주시는 선물 때문이 아니라 하나님 때문에 행복합니다. 하나님으로 인하여 행복한 것을 배워가는 것이 인생의 목적입니다. '하나님을 위해 산다'하면서, 하나님 때문에 행복한 것을 모른다면 인생의 반절을 모르고 사는 것입니다. 좋으신 하나님을 모르는 것으로서 하나님을 망령되이 여기는 것입니다.

나는 교회를 개척하였을 때 사람들은 가장 먼저 '얼마나 힘이 드냐'고 물었습니다. 안쓰러운 듯 쳐다보았습니다. 그러나 나는 모든 순간이 행복했습니다. 힘들면 힘들수록 하나님이 베푸시는 은혜가 더 크고 행복했습니다. 사람들을 통해 위로를 받지 못하는 만큼 주님의 위로를 받으며 행복했습니다. 그리고 그 행복은 지금도 여전히 더 커지고 있습니다. 하나님 때문에 행복한 것은 어떤 상황속에서도 쇠퇴하지 않고 자라가야 합니다. 이것이 우리의 인생의 목적입니다.

인생의 목적이 손에 잡힙니까? 나의 삶속에서 하나님을 드러내고, 나의 삶속에서 하나님 때문에 더욱 기뻐하게 되는 것이 우리 인생의 목적입니다.

하나님이 나의 참 기쁨의 근원임을 깨닫게 되고 하나님과 동행함을 기뻐하며, 하나님을 예배하고 기도하는 것을 기뻐하는 것입니다. 이것을 배워가는 것이 인생입니다. 인생의 목적입니다. 인생의 목적을 잘 따라 간 사람은 하나님 때문에 기뻐하는 것이 더 커져서 지금은 많이 기뻐하고 있을 것입니다.

2. 하나님을 경외하고 그의 명령을 지키기 위해

전도서는 인생의 의미를 탐구하고 결론을 내렸습니다. 그래서 전도서에서 구약을 대표하여 인생의 목적을 알아보는 것은 타당합니다. "일의 결국을 다 들었으니 하나님을 경외하고 그의 명령들을 지킬지어다 이것이 모든 사람의 본분이니라 하나님은 모든 행위와 모든 은밀한 일을 선악 간에 심판하시리라" (전 12:13-14) '사람의 본분(직역하면, 사람의 모든 것)'이라 말합니다. 모든 사람이 가야 하는 길입니다.

'하나님을 경외'하는 것은 일회적인 것이 아니라 인생이라는 그릇에 담겨야 하는 것입니다. '경건'은 '하나님을 경외함으로 하는 행동'을 의미합니다. 인생을 살아가는 수많은 시간을 경건으로 채워야 합니다. 구체적으로 무엇을 해야 하는지를 모를 때가 많지만 그때 그때 하나님을 경외함으로 한다면 인생은 충분히 가치 있는 일이 될 것입니다.

'그의 명령들을 지키라'고 말합니다. 인생의 수많은 선택을 할 때 말씀을 따라 선택을 하는 것이 인생의 목적이 됩니다. 그러기 위해 말씀을 더 많이 알아야 합니다. 선택할 때마다 말씀에 합당하게 해야 합니다. 내 생각이나 마음이 아니라 하나님의 말씀에 따라 선택하는 것입니다. 사람은 하루에도 육 만 가지 생각을 합니다. 행동도 수없이 합니다. 그 모든 일들에 하나님 말씀을 척도로 삼아 걸어가는 것이 인생의 목적입니다. 사람의 본분입니다.

'하나님은 모든 행위...선악 간에 심판하시리라'고 말합니다. 하나님께서 사람의 모든 행위를 심판하신다고 말씀합니다. 사람의 삶이 귀하기 때문에 심판하시는 것입니다. 귀하지 않으면 지나가면 그만입니다. 그러나 귀하기 때문에 이 땅에서 살았던 모든 행위에 대해 평가하고 그것에 대해 심판이 있는 것입니다. 그렇다면 인간의 삶은 결코 무의미한 것이 아닙니다. 그러니 사람의 본분을 잘 생각하고 그것에 따라 살아야 합니다. 인생의 목적에 맞게 살아야 합니다.

3. 하나님, 나, 이웃을 사랑하기 위하여

인생의 목적을 신약에서 살펴보면 마 22:37-40절에서 그 목적을 찾을 수 있습니다. 한 율법사가 와서 예수님께 물었습니다. "어떤 율법(말씀)이 가장 큰 것입니까?" 그러자 예수님은 큰 율법이 아니라 율법의 강령을 말씀해 주셨습니다.

'강령'이라는 것은 큰 것이 아니라 '근원'이라는 뜻입니다. 모든 율법의 뿌리가 된다는 것이지요. 말씀의 모든 뿌리로서 주님이 말씀하셨기에 우리는 그것을 우리의 인생의 목적으로 여길 수 있을 것입니다. 예수님이 말씀하신 말씀의 뿌리가 무엇일까요? '하나님을 사랑하고, 이웃을 사랑하라'는 것입니다. 그러기에 우리는 이 땅을 살 때 무엇을 위해 무엇을 하며 살아야 하냐면 하나님을 사랑하고, 나를 사랑하며, 이웃을 사랑하기 위해, 사랑하는 일을 하며 살아야 하는 것입니다.

여기에서 중요한 것은 사랑의 세 대상이 균형을 이루어야 한다는 것입니다. 예수님은 '둘째는 그와 같으니'라고 말씀하셨습니다. 어떤 한 가지 대상을 잃어버리면 다른 사랑도 훼손됩니다. 하나님만 사랑하면 좋을 것 같습니까? 아닙니다. 하나님만 사랑하는 것도 너무 사랑할 수 있습니다. '너무'라는 것은 잘못되었다는 뜻입니다. 하나님을 사랑하는 것이 잘못될 수 있다고요? 그렇습니다.

아무리 하나님을 사랑하는 것도 잘못될 수 있습니다. 하나님을 사랑한다고 나를 사랑하고 이웃을 사랑하는 것을 소홀히 하면 하나님을 향한 사랑이 왜곡되어집니다. 그래서 바르게 사랑할 수 없게 됩니다. 하나님만 사랑한다고 '가정을 나몰라'라 하는 사람은 하나님을 바르게 사랑하는 것이 아닙니다.

'나를 사랑하는 것'은 우리가 가장 그릇되게 사랑하기 쉬운 것입니다. 나를 사랑하는 것이 가장 쉬운 것 같지만 실제로는 제일 못하는 것이 자기 사랑입니다. 너무 많은 사람들이 자기 사랑을 '붕어식 자기 사랑'을 합니다. 붕어는 절대 밥을 한꺼번에 많이 주면 안 됩니다. 왜 그렇습니까? 다 먹고 배 터져 죽기 때문입니다. 잘못된 자기 사랑이지요.

사람들도 잘못된 자기 사랑으로 얼마나 많이 죽어가고 있습니까? 이 사회의 대부분의 모든 악이 잘못된 자기 사랑에서 나오는 것입니다. 자기를 위해 하고 있지만 철저히 자기 자신을 죽이는 일이지요.

'이웃 사랑'도 마찬가지입니다. 대학을 다닐 때 사당동 산동네 철거가 한참이었습니다. 그 때 그들을 위해 사회 운동을 한다던 많은 친구들이 결국은 믿음까지 잃어버리는 것을 보았습니다. 이웃을 위해 쇠파이프를 들었는데 결국은 믿음을 잃는 것을 보며 너무 안타까웠습니다.

한쪽에 치우치지 말아야 합니다. 하나님을 바르게 사랑하고, 자신을 바르게 사랑하고, 이웃을 바르게 사랑하기 위해서는 균형이 잡혀 있어야 합니다. 이것이 참으로 하나님을 사랑하기 때문에 하는 것인지 물어보십시오. 그리고 바로 이것이 나를 사랑하여 하는 것인지 물어보십시오. 그리고 이것이 이웃을 사랑하는 것인지 물어보십시오.

어느 하나를 사랑하는 것에 걸림돌이 있다면 다시 생각해보아야 합니다. 그리고 세 가지 대상을 다 만족할 때 그 일이 바른 것입니다. 우리 인생은 더욱더 하나님을 사랑하고, 더욱더 자기 자신을 사랑하며, 더욱더 이웃을 사랑하기 위해 사는 것입니다. 더 많이 사랑하십시오. 그것이 우리의 인생의 목적에 합한 것입니다. 성경 전체를 이루는 길이 될 것입니다. 그래서 어거스틴은 성경을 잘 알아야 선택을 잘 할 수 있지만 성경을 잘 모르는 상태에서는 '어떻게 하는 것이 사랑하는 것인지'를 생각하여 선택하면 크게 벗어나지 않을 수 있다 하였습니다.

평생 더 많이 사랑하십시오. 많이 사랑한 만큼 인생은 의미 있고 우리를 창조하신 하나님의 목적에 합한 아름다운 인생이 될 것입니다.

4. 나와 나 외의 모든 것 안에 하나님 나라를 확장하기 위해(아(我)와 비아(非 我)에 하나님 나라를 확장하라)

나의 경험에서 찾아보고자 합니다. 마6:33절의 말씀은 중학교 시절부터 나의 마음을 사로잡은 말씀입니다. 중3때 인생의 목적에 대해 많이 고민했었습니다. 그리고 창1:1절의 "태초에 하나님이 천지를 창조하시니라"라는 말씀 때문에 나의 인생의 방향을 잡았습니다. 그런데 나는 항상 이 구절의 뜻이 궁금했습니다. 이것이 무엇을 뜻하는지? '너희는 먼저 그의 나라와 그의 의를 구하라 그리하면 이 모든 것을 너희에게 더하시리라"(마 6:33) 이 말씀 앞에는 사람들이 가장 중요하게 여기는 '의식주'의 문제가 나옵니다. 결국은 돈 문제이지요. 그런데 돈을 구함에 '앞서' 그의 나라와 의를 먼저 구하라는 말씀입니다. 사람들이 가장 중요하게 여기는 것 앞에 나와 '먼저'라는 단어를 붙이며 가장 중요하게 말씀하는 이 말씀이 무엇을 뜻하는지 몰랐습니다.

나는 그 때부터 만나는 분들에게 항상 '먼저 그의 나라를 구하는 것이 무엇을 뜻하느냐'고 물었습니다. 그리고 그것을 신학대학에 들어가서야 깨닫게 되었습니다. 그 때 얼마나 기뻤는지 모릅니다. 어디를 가나 인생의 목적에 대해 말했습니다. 그 때 나의 인생은 기쁨의 여정이 시작되었습니다. 그 이후 나는 늘 행복하였습니다. 늘 하나님 나라가 내 안에 확장되는 것을 보았기 때문입니다. 슬픈 일이 생기면 다른 사람들은 슬프기만 하였지만 나는 그곳에서 오히려 하나님의 나라가 때로는 더 많이 확장되는 것을 보았습니다. 더 성숙해졌습니다. 그래서 더 기뻐할 수 있었습니다. 인생의 목적을 더 많이 이룰 수 있기 때문입니다. 인생은 빨리 죽어야 하는 것이 아니라 주어진 인생을 최대한 활용해서 '하나님 나라를 더 확장해야 하는 것'으로 바뀌었습니다.

'의'는 '하나님 나라의 법'이니 결국은 같은 말입니다. 그렇다면 '하나님 나라'는 무엇일까요? 이 땅에서 돈보다 더 중요하게 여기며 먼저 이루어야 하는 것입니다. '하나님 나라를 이룬다'는 것은 '그의 뜻이 이루어진다'는 뜻입니다. 하나님이 왕이 되는 것입니다. 하나님이 주인이 되는 것입니다.

우리가 이 땅에 사는 이유가 무엇입니까? '자신 안에 하나님 나라를 이루기 위해서' 입니다. 우리는 하나님을 떠남으로 타락하였고 우리 안에 우리가 주인이 되었습니다. 예수님을 믿으면 주인이 바뀌는 것이 시작되는 것입니다.

세례받을 때 목사님이 뭐라고 말씀하며 세례를 주었습니까? "예수 그리스도를 구주로 믿는 **에게 내가 성부와 성자와 성령의 이름으로 세례를 주노라"라고 말씀하였지요? 저는 군에서 한꺼번에 몇 백 명씩 세례를 줄 때도 아무리 바빠도 그 말만은 꼭 다 하면서 세례를 주었습니다. 이 땅에서 우리는 우리 안에 예수님이 주님이 되도록 하기 위해 살아야 하며, 주인이 되신 주님이 더욱더 우리 안에 이제 모든 일들 속에 주인이 되시도록 살아야 합니다. 그것이 내 안에 하나님 나라가 확장되는 것입니다. 다른 말로 하면 구원(칭의, 성화, 영화)라고 하기도 하고, 예수님을 닮아가는 것이라고도 합니다.

예수님을 믿으면서 시작되어진 '예수님의 주인되심'이 우리 안에 얼마나 이루어졌습니까? 이 땅에 살면서 우리는 평생 그 퍼센트를 올리면서 살아야 합니다. 우리의 가정, 말, 행동, 생각 등의 모든 것들 안에 주님이 주인이 되도록 훈련되어야 합니다.

매일 하나님 나라가 확장되지 않는다면 그것은 바른 신앙생활이 아닙니다. 날마다 말씀과 기도로 나 자신이 바뀌어 가고 나의 삶을 하나님 나라로 채워가야 합니다. 그것이 얼마나 귀하고 중요한 일인지 모릅니다.

가정생활, 직장생활, 사회 생활, 교회 생활 어느 것 하나 하나님 나라 확장에서 예외는 없습니다. 모든 인생은 하나님 나라 확장을 위해 있습니다. 하나님 나라 확장을 놓치면 인생은 낭비가 됩니다. 하나님 나라 확장을 하면 영원으로 이어지는 존귀함이 있습니다.

하나님 나라 확장의 영역은 두 곳입니다. 자기 자신과 자기 자신 외의 모든 곳입니다. 우리의 이웃과 문화 안에도 해야 합니다. 내 밖에 하나님의 나라를 확장하는 것은 우리의 거룩한 의무입니다. 위대한 열매입니다. 열심히 공부하는 것, 사람들과 관계를 갖는 것도 그래서 중요합니다. 사람들을 사랑하는 마음이 중요합니다. 하나님이 만드신 세상 속에 주인의식과 책임감을 가지고 세상속에 적극적으로 들어가 참여하는 것이 중요한 이유가 여기에 있습니다. 바른 기독교 세계관을 가지고 세상 속에 들어가 빛과 소금으로서 살아야 하는 이유가 여기에 있습니다.

인생을 세상에 맞추어 사는 사람이 있습니다. 매일 하루를 생각 없이 살면 안 됩니다. 인생 후반기를 살아가는 주변 분들을 보면 밋밋하게 사시는 분이 있습니다. '빨리 죽었으면 좋겠다'고 하는 분도 있습니다. 그것은 아주 잘못된 것입니다.

하나님께서 우리를 창조하시고 독생자를 통해 구원하기까지 하시는 것을 보면 인생이 얼마나 중요한지를 가늠할 수 있습니다. 그렇게 귀한 인생을 어찌 의미 없이 그냥 살아서야 되겠습니까?

인생의 목적에 맞게 사십시오. 4가지 다 생각하면서 사십시오. 우리의 평생 동안 이루어 가야 하는 일입니다. 그 일을 위해 우리에게 어쩌면 길다고 말할 수 있는 이 땅에서의 80평생이 있는 것입니다. 사실 인생은 짧습니다. 이 목적을 이루어 가려고 하면 굉장히 짧습니다. 열심히 이루어 가야 하는 것입니다.

나는 고등학교 시절 친구들이 나의 소원을 물어보면 당당히 "아프리카로 선교사로 가서 빨리 죽는 것"이라고 대답했었습니다. 그때 자라감을 모르고 이 땅과 천국만 있는 줄 알았기 때문에 그렇습니다. 그러나 이제는 이 땅에서 더욱더 이것을 이루기 위해 노력하며 열심히 살고 있습니다. 하나님 나라 확장은 구체적인 숫자로 나타납니다. 오늘 말씀 한 구절을 더 알고 그것을 살아내는 훈련을 통해 하나님 나라가 조금 더 확장되는 것을 보면 매우 행복합니다.

인생의 목적과 의미를 분명히 하고 그것을 이루면서 살아가십시오. 그러면 분명히 행복합니다. 참으로 행복할 것입니다.

인생의 목적에 대해 명확하게 정리가 되었는지요? 조금 더 구체적으로 마음 속에서 더 확실하게 정리되었으면 합니다. 인생의 목적을 알아야 합니다. 우리의 인생은 참으로 존귀한 것입니다. 하나님이 창조하셨고 예수님의 피 값으로 사신 바 된 것입니다. 그런데 어찌 우리의 인생을 그렇게 소리 없이 무의미하게 허비하고 낭비하려고 그러는지요?

인생의 목적을 가지고 그것을 하나하나 이루면서 자라가면 굉장히 행복합니다. 믿음 생활의 맛이 새로워질 것입니다. 사람은 뭐든지 자라가야 행복합니다. 운동을 할 때 더 능숙해져 가야 재미가 있고, 돈도 더 벌어야 재미가 있을 것입니다. 그런데 그 모든 것보다 하나님 나라의 자라감이 있으면 그 어떤 자라감도 부럽지 않을 것입니다.

나는 자신 있게 '황홀한 삶을 살고 있다'고 말할 수 있습니다. 매일 말씀을 준비하고 잠자리에 들어갈 때 참으로 감사하고 참으로 기쁩니다. 이 자라감이 있으면 세상 어떤 것도 부럽지 않습니다. 인생의 목적을 알고 하루하루가 인생의 목적을 이루어 가면서 참으로 행복한 살 맛나는 인생이 되기를 기도합니다.